Vilém Flusser

Vom Stand der Dinge

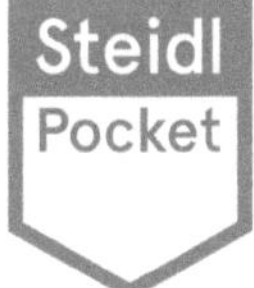

Vilém Flusser, geboren 1920 in Prag, emigrierte 1940 über London nach São Paulo. Nach leitenden Tätigkeiten in der Industrie wurde er 1959 Dozent für Wissenschaftsphilosophie und 1963 Professor für Kommunikationsphilosophie an der Universität São Paulo. Vilém Flusser lebte zuletzt in Robion, Südfrankreich. Veröffentlichungen in deutscher Sprache sind u. a.: *Für eine Philosophie der Fotografie* (1983), *Die Schrift* (1987), *Gesten* (1991) und *Bodenlos* (1992). Flusser starb 1991 bei einem Verkehrsunfall nahe der tschechischen Stadt Bor.

Fabian Wurm, geboren 1957 in Essen, studierte Literaturwissenschaft und Soziologie, war Redakteur der Magazine *Design Report* und *Form* sowie der Zeitung *Horizont*. Er arbeitet als freier Journalist und Buchautor in Frankfurt am Main.

Vilém Flusser

Vom Stand der Dinge

Eine kleine Philosophie des Designs

Herausgegeben von Fabian Wurm

Steidl Pocket

Inhalt

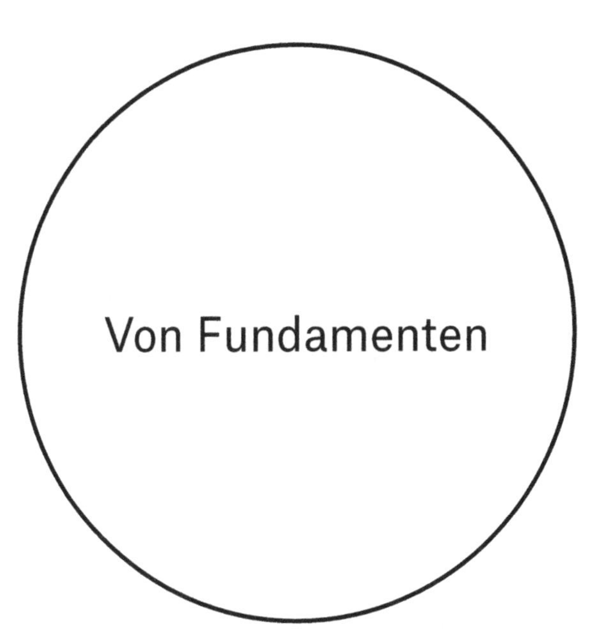

Von Fundamenten

Vom Wort Design

Das Wort ist im Englischen sowohl Substantiv wie Verbum (ein Umstand, der den Geist der englischen Sprache überhaupt kennzeichnet). Als Substantiv meint es unter anderem »Vorhaben«, »Plan«, »Absicht«, »Ziel«, »böswilliger Anschlag«, »Verschwörung«, »Gestalt«, »Grundstruktur«, und all diese und andere Bedeutungen stehen mit »List« und »Hinterlist« in Verbindung. Als Verbum (»to design«) meint es unter anderem »etwas aushecken«, »vortäuschen«, »entwerfen«, »skizzieren«, »gestalten«, »strategisch verfahren«. Das Wort ist lateinischen Ursprungs, es enthält »signum«, das im Lateinischen

»Zeichen« meint, und übrigens entspringen »signum« und »Zeichen« dem gleichen uralten Wortstamm. Etymologisch meint also Design etwa »ent-zeichnen«. Die hier gestellte Frage lautet: Wie ist das Wort Design zu seiner gegenwärtigen internationalen Bedeutung gekommen? Diese Frage ist nicht historisch gemeint, etwa so, dass man in Texten nachschlagen sollte, wann und wo sich das Wort in seiner gegenwärtigen Bedeutung begann einzubürgern. Sie ist semantisch zu verstehen, etwa so, dass man sich überlegt, warum gerade dieses Wort jene Bedeutung gewonnen hat, die ihm in der aktuellen Diskussion über Kultur zukommt.

Das Wort steht in einem Kontext, der mit List und Hinterlist zu tun hat. Ein Designer ist ein hinterlistiger, Fallen stellender Verschwörer. Im gleichen Kontext stehen andere, sehr bedeutende Worte. Vor allem die Worte »Mechanik« und »Maschine«. Das griechische »mechos« meint eine Vorrichtung zum Zweck des Betrügens, eine Falle, und das Trojanische Pferd ist dafür ein Beispiel. Ulysses heißt »polymechanikos«, was wir in der Schule mit »der Listenreiche« übersetzen. Das Wort »mechos« selbst entstammt dem uralten »MAGH«, das wir im Deutschen in »Macht« und »mögen« wiedererkennen. Demnach ist eine Maschine eine Vorrichtung zum Betrügen, zum Beispiel der Hebel zum Betrügen der Schwerkraft, und »Mechanik« ist die Strategie zum Hinters-Licht-Führen der schweren Körper. Ein anderes, im gleichen Kontext stehendes Wort ist »Technik«. Das griechische »techné« meint »Kunst«, und es hängt mit »tekton« = »Tischler« zusammen. Der Grundgedanke dabei ist, dass Holz (griechisch »hyle«) ein unförmiges Material ist, dem der Künstler, der Techniker, Form verleiht, und der dadurch die Form überhaupt erst zwingt, zu erscheinen. Platons Grundeinwand gegen Kunst und Technik ist, dass sie theoretisch ersehene Formen (Ideen) verraten und verzerren, wenn sie diese in die Materie setzen. Künstler und Techniker sind für ihn Verräter der Ideen und Betrüger, weil sie hinterlistigerweise die Menschen zum Beschauen verzerrter Ideen verführen. Das lateinische Äquivalent des griechischen »techné« ist »ars«, und das bedeutet eigentlich »Dreh« (falls dieses Wort aus der deutschen Gaunersprache erlaubt ist). Das Diminutiv von »ars« ist »articulum« = »Künstchen«, und es meint, dass sich etwas um etwas dreht (das Handgelenk zum Beispiel). Daher meint »ars« etwa »Gelenkigkeit« oder »Wendigkeit«, und »artifex« = »Künstler« meint vor allem »Schwindler«. Der eigentliche Artist ist der Taschenspieler. Das ist in Worten wie Artifiz, artifiziell, ja sogar wie Artillerie ersichtlich. Im Deutschen ist selbstredend ein Künstler ein Könner, da ja »Kunst« das Substantiv von »können« ist, aber auch dort wird gekünstelt.

Diese Überlegung allein kann schon erklären, warum das Wort *Design* jene Stelle besetzen konnte, die ihm im gegenwärtigen Gespräch zukommt. Die Worte *Design,* »Maschine«, »Technik«, »ars« und »Kunst« stehen in einer engen Beziehung zueinander, ein Begriff ist ohne die anderen undenkbar, und sie entstammen alle der gleichen existenziellen Einstellung der Welt gegenüber. Dieser innere Zusammenhang ist jedoch jahrhundertelang (mindestens seit der Renaissance) geleugnet worden. Die neuzeitliche, bürgerliche Kultur stellte schroff die Welt der Künste jener der Technik und der Maschinen gegenüber, und daher zersprang die Kultur in zwei voneinander entfremdete Zweige: den wissenschaftlichen, quantifizierbaren, »harten« und den schöngeistigen, qualifizierenden, »weichen«. Diese verderbliche Scheidung begann gegen Ende des neunzehnten Jahrhunderts unhaltbar zu werden. Das Wort *Design* sprang in die Bresche und bildete die Brücke. Dies konnte es tun, weil in ihm der innere Zusammenhang zwischen Technik und Kunst zu Wort kommt. Daher meint *Design* gegenwärtig ungefähr jene Stelle, an welcher Kunst und Technik (und von daher wertendes und wissenschaftliches Denken) zur gegenseitigen Deckung kommen, um einer neuen Kultur den Weg zu ebnen.

Das ist eine gute Erklärung, aber sie genügt nicht. Denn was die oben angeführten Begriffe verbindet, ist doch der Umstand, dass sie alle (unter anderem) Betrug und Hinterlist bedeuten. Die bessere Kultur, für welche Design den Weg ebnen soll, wird eine Kultur sein, die sich dessen bewusst sein wird, dass sie betrügerisch ist. Die Frage ist: Wen und was betrügen wir, wenn wir uns in der Kultur (an Technik und Kunst, kurz im Design) engagieren? Dafür ein Beispiel: Der Hebel ist eine einfache Maschine. Sein Design folgt dem menschlichen Arm, er ist ein künstlicher Arm. Seine Technik ist wahrscheinlich so alt wie die Spezies »Mensch«, vielleicht älter. Und diese Maschine, dieses Design, diese Kunst, diese Technik sieht darauf ab, die Schwerkraft zu überlisten, die Naturgesetze zu hintergehen und hinterlistigerweise gerade dank strategischer Ausnützung eines Naturgesetzes uns aus unserer natürlichen Bedingung zu befreien. Wir sollen uns an einem Hebel trotz der Schwere unseres Körpers womöglich bis zu den Sternen emporheben können;

und wenn man uns einen Stützpunkt gibt, dann sollen wir dank des Hebels die ganze Welt aus den Fugen heben können. Das ist das Design, das aller Kultur zugrunde liegt: die Natur dank Technik überlisten, Natürliches durch Künstliches übertreffen und Maschinen bauen, aus denen ein Gott fällt, der wir selbst sind. Kurz: Das Design hinter aller Kultur ist, aus uns natürlich bedingten Säugetieren hinterlistigerweise freie Künstler zu machen.

Ist das nicht eine großartige Erklärung? Das Wort *Design* hat seine gegenwärtige Stellung im allgemeinen Gespräch gewonnen, weil wir uns dessen bewusst zu werden beginnen, dass Menschsein ein Design gegen die Natur ist. Leider können wir uns auch damit nicht begnügen. Wenn nämlich Design immer deutlicher in den Mittelpunkt des Interesses tritt, wenn die Frage nach dem Design an die Stelle der Frage nach der Idee tritt, dann beginnt der Boden unter unseren Füßen zu wanken. Dafür ein Beispiel: Plastische Füllfedern werden immer billiger und neigen dazu, kostenlos verteilt zu werden. Ihr Material (»hylé« = Holz) ist praktisch wertlos, und die Arbeit (die laut Marx die Quelle aller Werte ist) wird dank ausgeklügelter Technik von vollautomatischen Maschinen geleistet. Das Einzige, was den plastischen Füllfedern Wert verleiht, ist ihr Design, denn ihm ist es zu verdanken, dass sie schreiben. Dieses Design ist eine Koinzidenz von großartigen Ideen, die, aus Wissenschaft, Kunst und Wirtschaft kommend, sich gegenseitig befruchtet und schöpferisch überschnitten haben. Und dennoch ist es ein Design, an dem wir achtlos vorbeigehen, und darum neigen die Füllfedern dazu, kostenlos verteilt zu werden – als Werbeträger beispielsweise. Die großartigen Ideen hinter Federn werden ebenso verachtet wie das dahinterstehende Material und die dahinterstehende Arbeit.

Wie ist diese Entwertung aller Werte erklärlich? Aus der Tatsache, dass wir uns dank des Wortes *Design* bewusst zu werden beginnen, dass alle Kultur ein Betrug ist, dass wir betrogene Betrüger sind und dass jedes Engagement an der Kultur auf Selbstbetrug hinausläuft. Es ist zwar richtig, dass nach dem Überwinden der Scheidung zwischen Kunst und Technik ein Horizont aufgerissen wurde, innerhalb dessen wir immer perfekter *designen* können, uns immer höher aus unserer Bedingung befreien können, immer künstlicher (schöner) leben können. Aber der Preis, den wir dafür zahlen, ist der Verzicht auf Wahrheit und Echtheit. Der Hebel ist tatsächlich daran, alles Wahre und Echte aus den Fugen zu heben und es mechanisch durch perfekt designte Kunstwerke zu ersetzen. Und daher werden alle diese Kunstwerke ebenso wertvoll wie plastische Füllfedern: wegzuwerfende *gadgets*. Und das stellt sich spätestens dann heraus, wenn wir sterben. Denn trotz aller technischen und künstlerischen Strategien (trotz Krankenhausarchitektur und Totenbettdesign) sterben wir eben, wie Säugetiere sterben. Das Wort *Design* hat seine gegenwärtige Zentralstellung im allgemeinen Gespräch gewonnen, weil wir (wahrscheinlich zu Recht) den Glauben an Kunst und Technik als Quellen von Werten zu verlieren beginnen. Weil wir das Design dahinter zu durchblicken beginnen.

Das ist eine ernüchternde Erklärung. Aber auch sie ist nicht zwingend. Denn hier ist ein Geständnis geboten. Dieser Aufsatz folgt nämlich einem ganz spezifischen Design: Er will die listigen und heimtückischen Aspekte im Wort *Design* zutage fördern. Er tut dies, weil sie für gewöhnlich verschwiegen werden. Wäre er einem anderen Design gefolgt, hätte er etwa darauf gepocht, dass *Design* mit Zeichen, Anzeichen, Vorzeichen, Abzeichen zu tun hat, dann wäre vielleicht eine andere, ebenso plausible Erklärung für die gegenwärtige Stellung des Wortes herausgekommen. So ist es eben: Alles kommt aufs Design an.

Der Blick des Designers

Es gibt einen Vers im *Cherubinischen Wandersmann,* der hier auswendig zitiert wird: »Zwei Augen hat die Seel: eins blickt in die Zeit, das andere blickt hinweg, hinan zur Ewigkeit.« (Wer treu sein will, möge nachschlagen und das Zitat korrigieren.) Der Blick des ersten Auges hat seit der Erfindung des Fernrohrs und des Mikroskops eine Reihe von technischen Verbesserungen erfahren. Wir können gegenwärtig weiter, tiefer und genauer in die Zeit Einblick gewinnen, als Angelus Silesius dies ahnen konnte. Jüngst sind wir sogar in der Lage, alle Zeit auf einen einzigen Zeitpunkt zu raffen und im Fernsehschirm alles gleichzeitig zu sehen. Was den Blick des zweiten Auges betrifft, jenen Blick, der die Ewigkeit ersieht, so werden die ersten Schritte in Richtung seiner technischen Vervollkommnung erst seit wenigen Jahren unternommen. Das will der vorliegende Aufsatz besprechen.

Die Fähigkeit, durch die Zeit hindurch in die Ewigkeit zu blicken und das derart Erblickte abzubilden, ist spätestens seit dem dritten Jahrtausend ins Spiel gebracht worden. Damals nämlich standen Leute auf mesopotamischen Hügeln, blickten flussaufwärts, sahen

Überschwemmungen und Trockenheiten voraus und zeichneten Striche in Lehmziegel ein, welche künftig zu grabende Kanäle meinten. Damals wurden diese Leute als Propheten angesehen, aber wir würden sie eher Designer nennen. Dieser Unterschied in der Bewertung des »zweiten Auges der Seele« ist bedeutungsschwanger. Die Leute damals in Mesopotamien, und die weitaus meisten Leute heutzutage, waren der Meinung, es gehe bei dem Blick darum, die Zukunft vorauszusehen. Wenn jemand Bewässerungskanäle gräbt, so tut er dies, weil er die Zukunft des Wasserlaufs voraussieht. Seit den griechischen Philosophen jedoch, und seither, unter allen mehr oder weniger gebildeten Leuten, ist man der Meinung, dass dieser zweite Blick nicht die Zukunft, sondern die Ewigkeit sieht. Nicht den künftigen Wasserlauf des Euphrat, sondern die Form aller Wasserläufe. Nicht die künftige Raketenbahn, sondern die Form aller Bahnen, nach denen sich Körper in Gravitationsfeldern bewegen. Ewige Formen. Nur sind die gegenwärtigen gebildeten Leute nicht genau der gleichen Meinung wie die griechischen Philosophen.

Folgt man zum Beispiel Platon (bei dem der Blick des zweiten Auges der Seele »Theorie« heißt), dann ersehen wir durch die flüchtigen Erscheinungen hindurch ewige, unveränderliche Formen (»Ideen«), so wie sie im Himmel dastehen. Demzufolge ist damals in Mesopotamien die Sache so gemacht worden: Einige Leute haben sich hinter dem Euphrat theoretisch Formen ersehen und diese aufgezeichnet. Sie haben als Erste theoretische Geometrie getrieben. Die Formen, die sie entdeckt hatten, zum Beispiel Dreiecke, sind »wahre Formen« (griechisch ist »Wahrheit« und »Entdeckung« das gleiche Wort, nämlich »aletheia«). Aber als sie die Dreiecke in die Lehmziegel einzeichneten, haben sie jene verzeichnet. Zum Beispiel ist die Winkelsumme beim gezeichneten Dreieck nicht genau 180 Grad, obwohl dies beim theoretischen Dreieck genau der Fall ist. Den Geometern sind beim Übertragen der Theorie in die Praxis Irrtümer unterlaufen. Und das ist die Erklärung dafür, dass keine Kanalisation (und kein Raketenflug) ganz richtig funktioniert.

Wir sehen die Sache heute etwas anders. Wir glauben (kurz gesagt) nicht mehr, dass wir Dreiecke entdecken, sondern eher, dass wir sie erfinden. Die Leute damals in Mesopotamien haben sich Formen wie Dreiecke zurechtgebastelt, um den Flusslauf des Euphrat irgendwie berechnen zu können, und dann haben sie eine gebastelte Form nach der anderen an den Fluss angelegt, bis der Fluss hineingepasst hat. Galilei hat die Formel des freien Falls nicht entdeckt, sondern erfunden: Er hat eine Formel nach der anderen ausprobiert, bis die Sache mit dem Fallen der schweren Körper geklappt hat. Demnach ist die theoretische Geometrie (und die theoretische Mechanik) ein Design, das wir den Erscheinungen unterlegen, um sie fest in den Griff zu bekommen. Das klingt vernünftiger als der platonische Glaube an die himmlischen Ideen, aber in Wirklichkeit ist es außerordentlich ungemütlich.

Wenn die sogenannten Naturgesetze unsere Erfindung sind, warum richten sich Euphrat und Raketen gerade nach diesen und nicht ebenso gut nach anderen Formen und Formeln? Zugegeben: Ob sich die Sonne um die Erde oder die Erde um die Sonne dreht, ist lediglich eine Frage des Designs. Aber: Ist es auch eine Frage des Designs, wie die Steine fallen? Anders gesagt: Wenn wir nicht mehr der platonischen Meinung sind, der Designer der Erscheinungen stehe im Himmel und müsse theoretisch entdeckt werden, sondern eher, dass wir selbst die Erscheinungen designen, warum eigentlich sehen die Erscheinungen so aus, wie sie eben aussehen, anstatt auszusehen, wie wir es wollen? Diese Ungemütlichkeit kann im vorliegenden Aufsatz allerdings nicht ausgeräumt werden.

Hingegen steht außer Zweifel, dass die Formen, ob entdeckt oder erfunden, ob von einem himmlischen oder menschlichen Designer gemacht, ewig sind, nämlich raum- und zeitlos. Die Winkelsumme eines theoretischen Dreiecks ist immer und überall 180 Grad, ob wir es nun im Himmel entdeckt oder auf dem Zeichentisch erfunden haben. Und wenn wir den Zeichentisch krümmen und nicht-euklidische Dreiecke mit anderen Winkelsummen designen, dann sind auch solche Dreiecke ewig. Der Blick des Designers, des menschlichen wie des himmlischen, ist zweifellos jener des zweiten Auges der Seele. Und hier stellt sich die folgende eigenartige Frage: Wie sieht die Ewigkeit eigentlich aus? Etwa so wie ein Dreieck (wie beim Euphrat) oder so wie eine Gleichung (wie bei fallenden Steinen) oder noch anders? Antwort: Sie mag aussehen, wie sie will, sie kann immer dank analytischer Geometrie auf Gleichungen zurückgeführt werden.

Hier kann mit der Technisierung des zweiten Auges der Seele begonnen werden. Man kann alle ewigen Formen, alle unveränderlichen Ideen als Gleichungen formulieren, diese Gleichungen aus dem Zahlencode in Computercodes übertragen und in Computer füttern. Der Computer kann seinerseits diese Algorithmen als Linien, Flächen und (etwas später) als Volumina im Schirm und in Hologrammen aufleuchten lassen. Er kann »numerisch generierte« synthetische Bilder daraus machen. Was man dann mit dem ersten Auge der Seele sieht, ist exakt das, was mit dem zweiten Auge der Seele ersehen wird. Was da auf dem Computerschirm erscheint, sind ewige, unveränderliche Formen (zum Beispiel Dreiecke), die aus ewigen unveränderlichen Formeln (zum Beispiel »1+1=2«) hergestellt wurden. Aber dennoch lassen sich dann sonderbarerweise diese unveränderlichen Formen verändern: Man kann Dreiecke verzerren, drehen, schrumpfen und wachsen lassen. Und alles, was dabei herauskommt, ist ebenfalls eine ewige, unveränderliche Form. Das zweite Auge der Seele blickt noch immer in die Ewigkeit, aber es kann nun diese Ewigkeit manipulieren.

Das ist der Blick des Designers: Er hat so ein Scheitelauge (nämlich so einen Computer), dank dem er Ewigkeiten ersieht und behandelt. Und dann kann er einem Roboter befehlen, das derart ersehene und manipulierte Ewige ins Zeitliche zu übertragen (zum Beispiel Kanäle zu graben oder Raketen zu bauen). In Mesopotamien nannte man ihn einen Propheten. Er verdient eher den Namen eines Gottes. Nur ist er sich dessen Gott sei Dank nicht bewusst und hält sich für einen Techniker oder Künstler. Gott erhalte ihm diesen Glauben.

Von Formen und Formeln

Der Ewige (gepriesen sei Sein Name) hat die Welt aus dem Chaos, dem Tohuwabohu geformt. Die Neurophysiologen (sie mögen namenlos bleiben) sind Ihm dahintergekommen, und jetzt ist jeder anständige Designer befähigt, es Ihm nachzumachen und besser als Er zu machen.

Und das sieht so aus: Lange Zeit meinte man, die Formen, die Gott der Schöpfer mit Inhalt gefüllt hat, seien hinter dem Inhalt verborgen und man könne sie dort entdecken. Zum Beispiel habe der Herr die Form des Himmels erfunden und habe sie am ersten Tag der Schöpfung dem Chaos aufgesetzt. So seien die Himmel entstanden. Und Leute wie Pythagoras und Ptolemäus haben diese göttlichen Formen hinter den Erscheinungen entdeckt und aufgezeichnet. Es geht um Kreise und Epizykel; das eben heißt Forschung: das göttliche Design hinter den Erscheinungen entdecken.

Seit der Renaissance ist man auf etwas Überraschendes und bisher Unverdautes gekommen: Die Himmel lassen sich in ptolemäischen Kreisen und Epizykeln, aber noch besser in kopernikanischen Zirkeln und keplerschen Ellipsen formulieren und formalisieren.

Wie ist das eigentlich? Hat Gott der Schöpfer Kreise, Epizykel oder Ellipsen am ersten Tag der Schöpfung verwendet? Oder war das gar nicht Gott der Herr, sondern die Herren Astronomen, die diese Formen festgesetzt haben? Sind die Formen nicht göttlich, sondern menschlich? Sind sie etwa nicht ewig im Jenseits, sondern plastisch und modellierbar im Diesseits? Sind sie etwa gar nicht Ideen und Ideale, sondern Formeln und Modelle? Das Unverdauliche daran ist nicht das Absetzen Gottes und das Einsetzen von *Designern als Weltenschöpfer.* Sondern das tatsächlich Unverdauliche daran ist, dass sich die Himmel (und überhaupt alle Naturaspekte) nicht beliebig formalisieren lassen, wie sie es ja sollten, falls wir tatsächlich den Thron Gottes bestiegen haben sollten. Warum folgen die Planeten zwar entweder zirkulären oder epizyklischen oder elliptischen Bahnen, aber nicht quadratischen oder triangulären? Warum können wir die Naturgesetze zwar verschiedentlich, aber nicht beliebig formulieren? Gibt es etwa dort draußen etwas, was einige unserer Formeln schluckt, aber andere ausspuckt und uns ins Gesicht spuckt? Ist dort draußen etwa eine »Wirklichkeit«, die sich zwar von uns informieren und formulieren lässt, aber die dennoch eine Anpassung von uns fordert?

Die Frage ist unverdaulich, denn man kann nicht zugleich Designer und Schöpfer der Welt sein und zugleich dieser Welt unterworfen. Glücklicherweise (denn »Gott sei Dank« lässt sich ja da nicht sagen) haben wir jüngst eine Lösung für diese Aporie gefunden. Eine sich möbiusartig schlingende Lösung. Und sie sieht so aus: Unser Zentralnervensystem (ZNS) empfängt digital codierte Reize aus seiner Umwelt (die, selbstredend, unseren Körper mit einschließt). Diese Reize prozessiert das System mittels noch nicht völlig durchblickter elektromagnetischer chemischer Methoden zu Wahrnehmungen, Gefühlen, Wünschen und Gedanken. Wir nehmen die Welt so wahr, wir empfinden so, wir wünschen so, wie das ZNS sie prozessiert hat; und dieser Prozess ist im ZNS programmiert. Er ist dem System in unserer genetischen Information vorgeschrieben. Die Welt hat für uns jene Formen, die in der genetischen Information seit Beginn des Lebens auf Erden angelegt sind. Das ist die Erklärung dafür, dass wir der Welt nicht alle beliebigen Formen aufdrücken können. Die Welt nimmt nur jene Formen an, die unserem Lebensprogramm entsprechen.

Wir haben diesem Lebensprogramm ein Schnippchen, ja sogar eine ganze Serie von Schnippchen, zu schlagen. Wir haben nämlich Methoden und Apparate erfunden, die Ähnliches leisten wie das Nervensystem, nur anders. Wir können die von überall ankommenden Reize (Partikel) anders als das ZNS computieren. Wir können andere, alternative Wahrnehmungen, Gefühle, Wünsche und Gedanken erzeugen. Wir können, außer in der dank ZNS computierten Welt, auch in anderen Welten leben. Wir können mehrmals da sein. Und das Wort »da« kann mehrere Bedeutungen haben. Das eben Gesagte ist zwar ungeheuerlich, ja monströs, aber es gibt dafür beschwichtigende Namen: *Cyberspace* und *virtueller Raum* sind solche Beschönigungen. Und sie meinen folgende Kochrezepte:

Man nehme eine Form, irgendeine, und zwar irgendeinen numerisch artikulierbaren Algorithmus. Man füttere diese Form durch einen Computer in einen Plotter. Die derart ersichtlich gewordene Form fülle man so dicht wie möglich mit Partikeln. Und siehe da, es entstehen Welten. Jede dieser Welten ist ebenso wirklich wie die des ZNS (also die bisher unsere), insofern es gelingt, die Formen ebenso dicht zu füllen, wie dies das ZNS leistet.

Das ist eine schöne Hexenküche: Wir kochen Welten in beliebigen Formen und tun dies mindestens ebenso gut, wie es der Schöpfer im Verlauf der berühmten sechs Tage getan hat. Wir sind *die* Hexenmeister, *die* Designer, und das erlaubt uns, da wir nun einmal Gott übertrumpft haben, die Frage der Wirklichkeit über alle Tischkanten und Immanuelkanten hinwegzufegen: Wirklich ist, was anständig, tüchtig, gewissenhaft in Formen hineincomputiert ist; und unwirklich ist (zum Beispiel träumerisch, illusorisch), was schlampig computiert ist. Zum Beispiel ist das Traumbild der geliebten Frau nicht richtig wirklich, weil wir eine schlampige Traumarbeit geleistet haben. Übergeben wir jedoch die Sache einem Berufsdesigner, der womöglich mit einem Holographen ausgestattet ist, so wird er uns wirkliche geliebte Frauen und nicht schlampige Träume liefern. So wird es aussehen.

Wir sind dem Ewigen (gelobt sei Sein Name) auf die Schliche gekommen, haben ihm seine Kochrezepte geklaut und kochen jetzt besser. Ist es tatsächlich eine neue Geschichte? Wie war denn das mit Prometheus und dem gestohlenen Feuer? Vielleicht meinen wir nur, vor Computern zu sitzen, und sind tatsächlich daran, an den Kaukasus geschmiedet zu werden? Und vielleicht wetzen sich schon einige Vögel die Schnäbel, um an unseren Lebern zu picken?

Typen und Charaktere

Ein Modewort lautet, dass wir der Informationsgesellschaft entgegengehen. Die meisten haben keine Ahnung, was damit gemeint ist, aber das hindert sie nicht, dies halsstarrig zu behaupten. Wenn jemand jedoch tatsächlich daran interessiert sein sollte, in eine Informationsgesellschaft Einblick zu gewinnen, dann sollte er sich die Typographische Gesellschaft näher anschauen. Ich werde in diesem Vortrag* versuchen, diesen Einblick zu gewinnen.

Vom Standpunkt der Werte gibt es drei Reiche. Das der wertfreien, der wertvollen und der wertlosen Dinge. Das erste heißt Natur oder Rohstoff. Das zweite heißt Kultur oder Werk. Das dritte Müll oder Abfall. Das Reich des Wertvollen entsteht aus jenem des Wertfreien dank Arbeit, das des Wertlosen aus dem Wertvollen dank des Verbrauchs. Und das Reich des Wertfreien entsteht aus dem Wertlosen dank dem Zweiten Prinzip der Thermodynamik (das die Grünen unter uns beschleunigen wollen). Hier steht die Arbeit zur Debatte. Sie ist jene Geste, mittels welcher Wertloses mit Werten gefüllt wird, um wertvoll zu werden. Falls »Wert« als das Sollen definiert wird, dann ist die Arbeit jene Geste, dank welcher das, was ist, so wird, wie es sein soll. Das ist einfach gesagt, aber bis zur Erfindung des Buchdrucks war nicht einzusehen, was damit gemeint war.

Ein Beispiel soll die Schwierigkeit beleuchten. Ein Baum soll ein Tisch werden. Und das soll ein Tischler machen. Er schlägt also den Baum ab und macht einen Tisch daraus. Er nimmt etwas, das eben ist, wie es ist (einen Baum), und macht etwas, damit es so sei, wie es sein soll (ein Tisch). Das macht er so: Er stellt sich einen Tisch vor, hat die Idee eines Tisches, hat die Tischform im Auge. Und zwingt das Baumholz in diese Form. Der Tisch ist informiertes Baumholz. Dann kommt der Zahn der Zeit und nagt daran, zum Beispiel in Form eines Holzwurms. Bis der Tisch zusammenbricht, seine Form verliert, desinformiert wird und in den Abfall wandert. Dort wartet er, bis er gänzlich zerfällt und zu Erde wird, aus der neue Bäume, Tische und zerfallene Tische wachsen. Diese Schilderung der etwas absurden, weil sich im Kreis drehenden Werte, die bei Betrachtung einer Tischlerwerkstatt zwingend wird, ist ungemütlich und die Leute wollen sie nicht wahrhaben und sprechen von ewigen Werten. Stattdessen sollten sie lieber in eine Druckerei gehen.

Dort sieht es nämlich so aus: Jemand liefert ein Manuskript, das sind einige Papierblätter, die auf einer ihrer beiden Seiten mit Buchstaben bedeckt sind. In der betrachteten Druckerei gibt es vollautomatische Maschinen. Eine Maschine liest die Buchstaben aus einem Text und überträgt sie in eine andere, welche in mehr oder weniger komplexen Prozessen diese übertragenen Buchstaben auf ein anderes Papier druckt. Diese sture Übertragung kann sie ohne Weiteres eine Million Mal pro Tag besorgen. Papier ist geduldiges, zermalmtes Baumholz. Somit haben die Maschinen das Baumholz in eine Million Texte verwandelt. Aber es geht nicht mit so rechten Dingen zu wie beim Tischler. Denn man kann ja nicht sagen, dass die Maschinen das Baumholz in Buchstabenform hineingezwängt haben wie der Tischler in Tischform. Sondern die Buchstaben sitzen nur auf der Papieroberfläche. Doch der entscheidende Unterschied zwischen der Druckerei und der Tischlerei ist dieser: In der Tischlerei ist die Tischform, die der Tischler vor Augen hatte, in das Baumholz eingegangen und mit dem Tisch hinaustransportiert worden. In der Druckerei ist das Manuskript, von dem die Maschinen die Buchstaben abkopiert haben, in irgendeiner Schublade liegen geblieben und ist in diesem eigenartigen Sinne ewig geblieben. Der Einblick in die Druckerei ist der Einblick in die Informationsgesellschaft.

Es zeigt sich, dass das Verwerten von Wertfreiem, also die Arbeit, in zwei Phasen vor sich geht. In der ersten wird die Form ersehen, in der zweiten wird die Form einem Ding aufgezwungen. Zuerst sieht der Tischler den Tisch und schreibt jemand den Text, und in der zweiten pressen der Tischler und die Druckereimaschine diese Form dem Holz auf. Die zweite Phase, die des Pressens, Druckens und Drückens, kann man mechanisieren. Die erste, die des Erarbeitens einer Form, ist jene, woher die Werte kommen. Man kann sie »informieren« nennen. Die perfekte Informationsgesellschaft ist jene, worin alle Leute sich aufs Informieren beschränken und alles Pressen, Drucken und Drücken den Maschinen überlassen. Wie das ausschaut und wie das ausschauen wird, das eben kann man in Druckereien sehen.

Nicht sehr erbaulich. Denn diese ewigen Werte, die genialen Manuskripte, diese großartigen Entwürfe und Layouts, diese hervorragenden Ideen, diese einzigartigen Einfälle, die da in der Druckerei in Schubladen herumliegen und nie das Licht der Welt erblicken, sind in einem ganz unplatonischen Sinn ewig. Sie sind nämlich Prototypen. Und die Maschinen, die diese Prototypen auf Dinge übertragen, ohne sie materiell in ihre Stampferei einzubeziehen, machen daraus Stereotypen. Ein gedrucktes Buch, ein gegossener Füllfederhalter, ein gestanztes und tiefgezogenes Blech sowie ein ganzes Automobil sind Maschinenprodukte, bei denen Prototypen zu Stereotypen wurden, ohne dass dabei der Prototyp materiell in Anspruch genommen worden wäre. Der Prototyp des gedruckten Buchs, des gepressten Spritzguss-Füllers, des geschweißten Automobils steht irgendwo in einer vergessenen Ecke und ist nur Leuten zugänglich, die sich für Quellenforschung interessieren.

Das ist die berühmte Immaterialität der Informationsgesellschaft: Die Prototypen (die Werte) werden materiell nicht in den Produktionsprozess mit einbezogen. Paradox gesagt, ist die Ewigkeit der Werte der Seltenheitswert der Prototypen. Ein Shakespeare'sches Manuskript, das in irgendeinem Museum herumliegt, hat einen Seltenheitswert und ist eigentlich als Text wertlos. Der Prototyp eines Mercedes 1910, soweit er in irgendeinem Museum steht, ist als Fahrzeug wertlos. Die Umwertung aller Werte, die mit der Erfindung des Buchdrucks eingeleitet wurde, ist im Grunde genommen die Abschaffung der Ideologie der ewigen Werte und das Ersetzen dieser Ideologie durch die Erkenntnis des Informierens.

Der Kernbegriff ist hier jener des Typs, der an die Stelle des Wertbegriffs tritt. Týpos heißt »Schlag«, »Abdruck«, »Figur« und »Typ«. Typographie meint »Graben« beziehungsweise „Ritzen von Typen« oder genauer, das Übertragen von Prototypen in Stereotypen. Typ meint »Spur«, Prototyp »Urspur« und Stereotyp »Starrspur«. Typographie ist der Vorgang, dank welchem Urspuren zu zahlreichen Nachspuren erstarren. In der Informationsgesellschaft sind Menschen damit beschäftigt, Urspuren herzustellen, damit automatische Maschinen diese dank Vervielfältigung erstarren lassen. Informationsgesellschaft ist jene, in welcher die vorübergehenden Menschen im weichen Sand des Daseins Spuren hinterlassen, um dem Tod eins auszuwischen. Und dann kommen Maschinen, die dieses Weichzeug zu stereotyper Hardware erstarren lassen. Der Haken dabei ist dieser:

Die weichen Spuren, die Urspuren, die Prototypen, die da in ewigen Schubladen liegen, veraltern ohne zu verwittern, weil sie von neuen Prototypen überholt und beiseite geschoben werden. Und die harten, starren Stereotypen, die da maschinell von den Prototypen abgelesen werden, ergießen sich wie Milliarden von eineiigen Zwillingen, von Clones, über die immer eintöniger werdende Gegend. Mit anderen Worten ist der Haken der Informationsgesellschaft der, dass die Leute Prototypen erzeugen und Stereotypen konsumieren. Das also ist die Utopie, die jene verkünden, die von der herankommenden Informationsgesellschaft sprechen: Jeder wird geniale Prototypen herstellen (jeder wird ein Designer sein), und alle werden sich an der steigenden Flut der harten, monotonen Stereotypen die Zähne ausbeißen müssen. Eine entsetzlichere Prognose ist kaum vorstellbar und gerade deshalb gibt es Vereinigungen wie die Typographische Gesellschaft: Nämlich um diese fürchterliche Voraussicht zugleich näherzubringen und verdaulicher zu machen.

Um dies einzusehen, müssen zwei neue Begriffe, nämlich jener des »Charakters« und jener des »Clones«, eingeführt werden: Ein Charakter, von dem Goethe behauptete, dass er sich im Strom der Welt bilde, ist dem Ursprung des Wortes nach etwas, das eingeritzt wurde (charissein). Man würde meinen, Charakter und Typ meinten ungefähr das Gleiche. Wenn nämlich ein Pflug eine Furche zieht, dann hat er einen Charakter gemacht und einen Typ (Spur) hinterlassen. Dennoch verhalten sich Charakter und Typ wie die zwei Seiten einer Münze. Ein Charakter ist das Einzigartige, Bezeichnende an einem Typ. Und ein Typ ist das Vervielfältigbare, Klassifizierbare an einem Charakter. Dass mein Hund hundeartig ist, das ist an ihm typisch. Und dass er mein Hund ist, das ist für ihn charakteristisch. Das Typische an uns ist, dass wir Menschen sind, und das Charakteristische, dass jeder von uns anders ist als der andere.

Als man die Buchstaben erfand, meinte man, Charaktere gefunden zu haben. Und manche Leute sagen noch immer Charaktere, wenn sie Buchstaben meinen. Die Leute dachten folgendermaßen: Das »A« ist doch vom »B« zu unterscheiden. Zum Beispiel sind für das große B die zwei Halbkreise charakteristisch. Die Erfinder des Buchdrucks haben zur Überraschung aller herausgefunden, dass alle Buchstaben Typen sind, und darum heißen sie Typographen. Sie haben herausgefunden, dass das große B ein Prototyp ist, um daraus Abermillionen von Stereotypen zu machen. Das ist das Fürchterliche an der Informationsgesellschaft: dass jeder Mensch ein Künstler, ein Designer, ein Informatiker ist und beispielsweise großartige große B's zeichnet, aus denen dann Maschinen lauter gedruckte, stereotype große B's machen, an denen sich die Leute die Zähne ausbeißen.

Es gibt ein Wort, das über uns hängt wie ein Damoklesschwert und das, meines Wissens nach, noch nicht aus dem Englischen übersetzt wurde, weil scheinbar nur Amerikaner den Todesmut haben, es auszusprechen. Das Wort lautet Clone und es überträgt den Begriff des Stereotyps aus der Druckerei und der industriellen Produktion in den Bereich des Lebens.

Clone meint ungefähr eine Gruppe von Lebewesen, die, durch absichtliche Teilung eines Eies, untereinander ununterscheidbar gleich sind. Es bezeichnet also eine Gruppe lauter eineiiger Zwillinge, wobei die Vorsilbe »zwi« nicht zwei, sondern eine Million meint. Man wird sich die Herstellung von Clones etwa so vorzustellen haben. In einer Druckerei wird ein lebendiges Manuskript geliefert, sagen wir eine lebendige Kette von genetischen Informationen, und die dort rollenden, druckenden und stampfenden Maschinen machen daraus eine Million identischer Exemplare. Mit anderen Worten: Das gelieferte Manuskript wird nicht als etwas Charakteristisches, sondern laut Typographie als etwas Typisches betrachtet. Ob sich Gutenberg nach dieser Schilderung wie eine Rotationsmaschine im Grab dreht, ist eine offen zu lassende Frage.

So also wird es in der perfekten Informationsgesellschaft aussehen, falls die Typographen nichts dagegen machen. Alle Menschen werden einzigartige, charaktervolle Kunstwerke entwerfen, die Maschinen werden diese als Prototypen betrachten und in Form von nicht-unterscheidbaren Stereotypen zu Millionen durch die Gegend streuen. Wir werden von lauter genial entworfenen und voneinander nicht unterscheidbaren Füllfedern, Automobilen, Cheeseburgern und in Kürze auch Hühnern, Tigern und warum nicht genial entworfenen Informatikern überflutet werden (der erste Teil dieser apokalyptischen Prophetie ist bereits verwirklicht).

Aber jetzt kommen Typographen als Heilsarmee in die Szene geritten, um das Unheil in Heil zu verwandeln. Dank folgender Methode: Der große geniale Künstler hat den großartigen, einzigartigen Charakter »großes B« erfunden. Die böse automatische Druckmaschine hat dies als einen Prototyp angesehen und ihn zu Millionen von Clones, von nicht unterscheidbaren großen B's über uns ergossen. Herein tritt der Typograph und reißt das einzigartige große B im letzten Moment aus den Klauen der Maschine. Dann setzt er sich hin, schaut sich das große B von allen Seiten an – und siehe da, unter der schöpferischen Hand des Typographen gewinnt das große B einen neuen Charakter. Zum Beispiel werden seine beiden Halbkreise dreieckig, oval oder geschlängelt. Allerdings können selbst die Typographen nicht verhüten, dass die Maschinen kommen und aus ihrer Umcharakterisierung des großen B's heimtückischerweise stereotype Prototypen machen. Die Hoffnung der Typographen ist, dass ihr großes B derart unleserlich ist, dass nur wenige Exemplare davon in die Gegend geschneit kommen. Auf den Lebensbereich übertragen, heißt dies: Die genialen gentechnischen Informatiker erzeugen den einzigartigen Charakter »geflügelte Milchkuh«. Die Maschinen kommen, sehen dies als Prototyp an und seither schlagen bei Tag Kuhflügel über unseren Köpfen, während bei Nacht die Käsefabrikanten in Nester klettern müssen. Und jetzt kommt ein genetischer Typograph, verwandelt die geflügelte Milchkuh in eine »geflügelte Sauremilchkuh«. Die Hoffnung besteht, dass nur wenige derartige Kühe über den Wipfeln dahinkreisen werden, weil der Bedarf an saurer Milch kleiner als jener nach Camembert ist.

Dies ist der versprochene Einblick in die Typographische Gesellschaft. Ich nehme an, dass Sie ihn nicht teilen. Und dass Sie deshalb auch mein Entsetzen in Dingen wie Prototyp, Stereotyp und Clone und meine Enttäuschung in Dingen wie Charakter und Einzigartigkeit als eine Verfehlung ansehen. Ich nehme also an, dass Sie der über uns hereinbrechenden Informationsgesellschaft mit größerem Vertrauen als ich entgegensehen. In diesem Fall erklären Sie mir dann in der folgenden Debatte bitte, warum Sie sich zwischen das Manuskript und die Maschinen schieben, falls Sie dies tun, um zu verhüten, dass aus den Maschinen Clones herauskommen.

* Vortrag auf der Jahrestagung der Typographischen Gesellschaft München am 8. Oktober 1991

Design als Theologie

Man war im neunzehnten Jahrhundert der Auffassung, dass der Westen der Westen sei, der Osten der Osten, dass die beiden nie zusammenkommen können (West is West and East is East, and never the twine can meet). Das war eine auf tiefer Einsicht beruhende Meinung. Denn für den Westen ist der Tod das Entsetzlichste, und für den Osten ist es das Leben. Im Westen muss man sterben (das ist der Lohn der Sünde), und im Osten muss man immer wiedergeboren werden (das ist die Strafe für begangene Verbrechen). »Erlösung« im Westen ist die Überwindung des Todes, im Osten ist es die Überwindung des Wiedergeborenwerdens. Christus verspricht das ewige Leben, der Buddha die Befreiung vom Leben. Anders gesagt: Im Westen will man nicht sterben, aber man muss es, und im Osten will man nicht leben (weil man es als ein Leiden erkannt hat), aber man muss wiedergeboren werden. Ein unüberbrückbarer Abgrund scheint zwischen diesen zwei Welten zu gähnen. Aber wenn man einen japanischen Apparat in der Hand hat (zum Beispiel ein Taschenradio), dann begreift man, dass der gähnende Abgrund beginnt, sich zu schließen.

Nichts ist einfacher, als dieses bisher unerhörte Ereignis zu banalisieren. Das Taschenradio ist ein Produkt westlicher angewandter Wissenschaft, und sein Design ist japanisch. So etwas hat es immer gegeben. Zum Beispiel ist chinesisches Porzellan nach englischem Design hergestellt worden. Wahrscheinlich sind schon ins römische Imperium fernöstliche Kultureme gedrungen und umgekehrt hellenistische nach China. Von mongolischen Drachen auf gotischen Kathedralen und von alexandrinischen Helmen der Götter in Angkor Wat ganz zu schweigen. Design folgt nicht der Funktion, sondern den Händlern in ihren Schiffen oder auf Seidenstraßen. Man muss keinen Christus und keinen Buddha bemühen, um das japanische Taschenradio einzusehen. Es genügt, die Erschließung der japanischen Häfen durch die amerikanische Flotte oder die japanische Industriespionage im Europa und Amerika der Zwischenkriegszeit zu bedenken. Und doch: Sobald man derart banalisiert, fühlt man, das zu erklärende Phänomen aus dem Griff verloren zu haben. Sind Toyotas auf deutschen Autobahnen etwa nicht mit Fiats, sondern eher mit der Goldenen Horde vergleichbar?

Das japanische Taschenradio zwängt nicht etwa westliche angewandte Wissenschaft in eine orientalische Gestalt, sondern es ist eine Synthese, innerhalb welcher sich beide gegenseitig überholen. Das ist, wenn man sie bedenkt, eine erschütternde Behauptung. Die westliche Wissenschaft ist jener theoretischen Distanz zu verdanken, welche sich öffnet, wenn man der Welt der Erscheinungen gegenüber eine kritisch-zweifelnde Einstellung einnimmt. Die orientalische Gestalt ist einem sehr spezifischen konkreten Erleben zu verdanken, dank welchem Mensch und Welt verschwimmen. Zwischen wissenschaftlicher Theorie und konkretem Erleben der untrennbaren Einheit klafft jener Abgrund, von dem gesprochen wurde. Und doch: Ist es dem Taschenradio gelungen, beides zu synthetisieren? Ist es ihm gelungen, Botanik mit Ikebana, Ballistik mit Bogenschießen, Schach mit Go zu neuer Einheit zu verbinden? Denn darauf läuft ja die Behauptung heraus, dass im Taschenradio das japanische Design nicht einfach auf ein Radio aufgesetzt wurde, sondern daraus herauswuchs.

Vielleicht kommt man dem (für die Zukunft mitentscheidenden) Problem näher, wenn man versucht, den westlichen Begriff von *Design* mit fernöstlichen Vorstellungen zu konfrontieren. Von uns aus gesehen, wird *Design* oft verstanden als das Aufsetzen einer Form auf eine unförmige Masse. Die Form (»eideia«) ist dem theoretischen Blick ersichtlich: Zum Beispiel ersieht man theoretisch, dass das Dreieck eine Form ist, deren Winkelsumme 180 Grad ist. Nun nimmt man dies theoretisch Ersehene, drückt es auf Unförmiges auf und hat, sagen wir einmal, eine Pyramide »designt« (gestaltet). Allerdings muss man dabei in Kauf nehmen, dass die Winkelsumme im derart Hergestellten nicht mehr genau 180 Grad ist. Kein Design kann »perfekt« sein, sich völlig mit seinem theoretisch ersehenen Modell decken. Das ist unser eigenes Design-Problem, aber mit Sicherheit nicht jenes des Fernen Ostens. Wir können beobachten, wie unter den Händen von Orientalen Gestalten entstehen, etwa gepinselte Schriftzeichen oder Papierblumen oder einfach nur die Gestalt der teetrinkenden Geste. Dabei geht es nicht darum, eine Idee auf etwas Amorphes zu setzen. Sondern wohl darum, aus sich selbst und aus der umgebenden Welt eine umfassende Gestalt entspringen zu lassen. *Design* wäre dann – im fernöstlichen Sinne – jenes Sich-Versenken ins Nicht-Ich (zum Beispiel ins Papier, in den Pinsel und in die Farbe), dank welchem sich das Ich überhaupt erst (zum Beispiel als Schriftzeichen) gestaltet.

Während demnach im Westen das Design den in die Welt eingreifenden Menschen bezeugt, ist es im Osten die Weise, wie Menschen aus der Welt emportauchen, um sie zu erleben. Nimmt man das Wort *ästhetisch* in seiner ursprünglichen Bedeutung (nämlich »erlebbar«), dann ist *Design* im Osten rein ästhetisch.

Nun ist es selbstredend nicht etwa so, als ob beim Taschenradio der japanische Designer in einer Art von Unio mystica mit plastischem Material und Kupferdraht aus der Welt emporgetaucht wäre. Ebenso wenig wie bei einem westlichen Taschenradio der Designer aus einer theoretischen Sicht in die Welt eingreift, um ihr Form zu geben. Sondern beide Designer, der östliche wie der westliche, haben bei ihrem Gestalten den Markt und die Funktion des von ihnen zu gestaltenden Gegenstandes vor Augen. Aber diese scheinbare Parallele darf uns nicht täuschen. Der japanische Designer kommt aus einem kulturellen Kontext, für welchen der Buddha als Erlöser vom Leben charakteristisch ist, und das ist seinem Design anzusehen: den verkrüppelten Zwergbäumen und den verschiebbaren Wänden, den Sandalen und dem Taschenradio; dem Walkman und künftig den elektronischen und genetischen Robotern und künstlichen Intelligenzen. In allem derartigem Design kommt die eigenartige ästhetische Qualität des Verschwimmens mit der Umwelt, der Selbstauflösung zum Ausdruck. Ein phänomenologisch geschulter Blick müsste dies im Taschenradio, im Toyota und im Fotoapparat ebenso feststellen können wie bei japanischen (und überhaupt fernöstlichen) Speisen.

Das ist aus folgendem Grund eine erschütternde Behauptung: Die Naturwissenschaft und die darauf fußende Technik konnten nur auf westlichem Boden entstehen. Sie setzen die theoretische Distanz voraus, aber auch die jüdische Überzeugung, dass man die Welt verändern muss, um sich selbst zu verändern. Im Grunde ist die Wissenschaft eine Methode, den jüdisch-christlichen Gott »hinter den Erscheinungen« zu entdecken, und die Technik eine Methode, das Reich dieses Gottes auf Erden herzustellen. Verpflanzt man Wissenschaft und Technik in ein fernöstliches Design, dann müssen beide ihr Wesen verändern.

Diese schicksalsträchtige Veränderung ist bereits im Gang, auch wenn wir uns davon nicht immer Rechenschaft geben. Was aus den japanischen Laboratorien dringt, ist nicht mehr die gleiche Wissenschaft wie jene, die zur Industrierevolution geführt hat, denn ein ganz anderer »Geist« kommt darin zum Ausdruck. Die Industrieprodukte, die von Japan aus über den Erdball fluten, atmen nicht die gleiche Atmosphäre, in welcher die Industrierevolution seit der Aufklärung lebte. Und dies wird sich noch deutlicher zeigen, wenn China in die wissenschaftliche und technische Entwicklung schöpferisch eindringt. Es ist, als ob die Intention, mit welcher ursprünglich Wissenschaft und Technik geschaffen wurden, sich umgebogen hätte. Man kann dieses Umbiegen der fundamentalen Absicht unter anderem so erfassen:

Unsere Wissenschaft ist ein logischer Diskurs, und dieser Diskurs ist alphanumerisch verschlüsselt. Anders gesagt: Die Wissenschaft beschreibt und berechnet die Natur nach den Regeln des linearen Schreibens und Denkens. Die Absicht hinter der Technik ist, die beschriebene und ausgerechnete Natur in den Griff zu bekommen, dem Wissen zur Macht zu verhelfen. Im Fernen Osten gibt es keinen Code, der strukturell mit dem alphanumerischen vergleichbar wäre. Die Wissenschaft und Technik ist dort nur englisch und in unserem Zahlensystem denkbar. Jetzt aber wird der alphanumerische Code zugunsten von digitalen Computercodes aufgegeben. Diese neuen Codes haben mit fernöstlichen (etwa mit ideographischen) mehr als mit linearen gemeinsam. Jetzt werden Wissenschaft und Technik im Fernen Osten mindestens ebenso gut wie im Westen denkbar. Eine andere Absicht steht nun hinter ihnen.

Vom Westen aus gesehen, ist das, was sich da anbahnt, als eine Auflösung der Grundstrukturen der okzidentalen Kultur hinzunehmen. Die Flut von Produkten, die aus dem Osten zu uns dringen, kommt so designt an, dass wir anhand eines jeden Produktes das östliche Lebensklima konkret erfahren. Mit jedem japanischen Taschenradio lernen wir konkret (»ästhetisch«) das buddhistische oder taoistische oder Schinto-Lebensgefühl kennen. Wir erleben, wie unsere Denkart, die unter anderem zu Wissenschaft und Technik geführt hat (aber auch zu anderen, fürchterlicheren Dingen), sich im Orientalischen auflöst. Weit mehr als die verschiedenen orientalisierenden Sekten (wie sie vor allem in Amerika aus dem Boden schießen) ist es das Design der orientalischen Industrieprodukte, das uns den Boden des Judenchristentums unter den Füßen entzieht und in den Osten eintaucht. Aber wahrscheinlich wird von Osten gesehen genau das umgekehrte Gefühl entstehen. Der Einbruch der westlichen Wissenschaft und Technik wird dort wahrscheinlich als eine Auflösung des orientalischen Lebensgefühls verstanden, und dies wird deutlich, wenn man das Design der Taschenradios mit jenem der Kimonos vergleicht oder mit jenem der Samuraischwerter.

Von einem »höheren« Standpunkt gesehen, ist gegenwärtig vielleicht von einem Ineinanderfließen des Westens mit dem Fernen Osten zu sprechen. Vielleicht äußert sich im Design der *nachindustriellen* (»post-modernen«?) Produkte dieses gegenseitige Zersetzen. Aber das neunzehnte Jahrhundert war doch im Recht, wenn es ein Verfließen des Buddha im Christus oder umgekehrt für unmöglich ansah. Der Gott des einen ist der Teufel des anderen. Vielleicht bahnt sich eine allgemeine Verflachung an, ein gegenseitiges Zerstören der Werte?

In dieser Sache ist es nötig, Ehrlichkeit vor gleichmachendes Gerechtigkeitsgefühl zu stellen. Es gibt eben nur zwei menschliche Hochkulturen: die fernöstliche und die unsere. Alle anderen sind entweder Überdeckungen zwischen beiden (zum Beispiel Indien), oder es sind Ansätze zu bisher nicht ausgebildeten Formen. Wenn, wie es den Anschein hat, das Verpflanzen der westlichen Wissenschaft und Technik in den Fernen Osten zu einem Verwässern beider Kulturen führt, dann allerdings ist tatsächlich von »Massenkultur« zu sprechen, einer Kultur, die sich ästhetisch als verkitschtes Design äußert. Aber man kann den ansetzenden Prozess des Treffens von West und Ost auch anders zu fassen versuchen. Was geschieht, wenn in dem Design der post-industriellen Produkte ein neues existenzielles Gefühl zum Ausdruck kommen sollte?

Eingangs wurde unterbreitet, der grundlegende Unterschied zwischen dem Westen und dem Osten sei die Einstellung zum Tod und zum Leben. Aus der westlichen Einstellung sind die griechische Philosophie, die jüdische Prophetie und von daher das Christentum, die Wissenschaft und die Technik entstanden. Aus der östlichen Einstellung ist eine ästhetisch-pragmatische Lebensstrategie entstanden, die wir Okzidentalen nie völlig durchblicken können. Jetzt können (oder müssen) diese beiden miteinander nicht in Einklang zu bringenden Einstellungen ineinander verfließen. Sie haben bereits verschiedene Codes hervorgebracht (die Computercodes), welche den Abgrund überbrücken. Und sie bringen aus ihrer Verschmelzung eine Wissenschaft und Technik hervor, die sich nicht mehr einreihen lässt und deren Produkte in einem Geist designt sind, der nicht mehr in die alten Kategorien passt. Sollte man nicht etwa dieses Design einer »theologischen« Analyse unterwerfen, um herauszufinden, ob die Einstellung zu Leben und Tod darin auf eine neue Ebene gestellt wird? Kommen in diesem Design nicht etwa ein »aufgehobenes« Judenchristentum und ein »aufgehobener« Buddhismus zum Ausdruck, für welche uns vorläufig Worte fehlen? Das ist eine gewagte, abenteuerliche Hypothese. Aber wenn man ein japanisches Taschenradio in der Hand hält und sich in sein Design vertieft, dann erscheint die Hypothese nicht mehr so abenteuerlich, sondern wird geradezu nötig. Dies nahezulegen, ist die Absicht dieses Aufsatzes, welcher allerdings gestehen muss, dass er das hier Vorgeschlagene als vorläufig betrachtet. Er will als *Essay*, als Versuch einer Hypothese gelesen werden.

Ethik im Industriedesign?

Vor nicht allzu langer Zeit wäre dies eine überflüssige Frage gewesen. Die Moral der Dinge? Der Designer hatte in erster Linie die Herstellung nützlicher Objekte im Sinn. Messer beispielsweise mussten so entworfen sein, dass sie etwas gut durchschneiden konnten - unter anderem die Kehlen von Feinden. Und darüber hinaus galt, dass eine Konstruktion, die von Nutzen sein sollte, akkurat zu sein hatte - im Sinne ihrer Übereinstimmung mit wissenschaftlichen Erkenntnissen. Sie sollte schön aussehen - in dem Sinne, dass sie zur Erfahrung für ihren Benutzer werden konnte. Das Ideal des Konstrukteurs war pragmatisch, also funktionell. Moralische, auch politische Erwägungen spielten für ihn kaum eine Rolle. Sittliche Normen wurden von der Öffentlichkeit fixiert - entweder von einer übermenschlichen Instanz oder durch Konsens beziehungsweise beidem. Und die Designer ebenso wie die Benutzer des Produktes waren jenen Normen unter Androhung von Strafe - in diesem oder im kommenden Leben - unterworfen.

Die Frage nach der Moral der Dinge, nach der sittlichen und politischen Verantwortung des Designers jedoch hat in der gegenwärtigen Situation eine neue Bedeutung (und sogar Dringlichkeit) erhalten. Dafür gibt es mindestens drei verschiedene Gründe.

Erstens: Es gibt keine Öffentlichkeit mehr, die Normen prägt. Obwohl nach wie vor autoritäre Instanzen existieren (religiöser, politischer und sittlicher Natur), können ihre Regeln kein Vertrauen mehr beanspruchen; ihre Kompetenz im Hinblick auf die industrielle Produktion ist zweifelhaft. Autoritäten wird folglich immer weniger geglaubt, nicht zuletzt auch, weil die Kommunikationsrevolution den öffentlichen Raum, wie wir ihn bislang kannten, zerstört hat. Man bezweifelt ihre Kompetenz, da die industrielle Produktion äußerst kompliziert geworden ist und Normen jeglicher Art dazu neigen, missverständlich simpel zu sein. Somit inkompetent geworden, tendiert jede autoritäre Universalisierung von Normen dazu, den industriellen Fortschritt eher zu behindern beziehungsweise zu desorganisieren, anstatt ihm eine Richtlinie zu geben. Die einzige Instanz, die noch mehr oder weniger intakt zu sein scheint, ist die Wissenschaft. Allerdings erhebt sie stets den Anspruch, wertfrei zu forschen, und liefert infolgedessen zwar technische, aber keine moralischen Normen.

Zweitens: Die industrielle Produktion, einschließlich des Designs, hat sich zu einem komplexen Geflecht entwickelt, das sich der Informationen verschiedener Bereiche bedient. Die Menge der Informationen, die dem Hersteller zugänglich sind, geht weit über die Kapazität des individuellen Gedächtnisses hinaus. Selbst wenn man künstliche Speichermöglichkeiten verwendet, ergibt sich das Problem, wie diese Informationen zur weiteren Verarbeitung ausgewählt werden können. Infolgedessen ist es notwendig geworden, in Gruppen zu agieren, in Teams, die sich aus menschlichen und künstlichen Komponenten zusammensetzen; das Resultat kann mithin nicht einem Verfasser zugeschrieben werden. Der Designprozess ist also hochgradig arbeitsteilig organisiert. Aus diesem Grund ist keine einzelne Person mehr für ein Produkt verantwortlich zu machen. Selbst wenn es Instanzen gäbe, die Normen schüfen, würde sich niemand persönlich an sie gebunden fühlen. Diese moralische Verantwortungslosigkeit, die der Logik des Produktionsprozesses folgt, muss konsequenterweise auch moralisch verwerfliche Erzeugnisse hervorbringen, sollte es nicht gelingen, sich über eine Art ethischen Code für das Design zu verständigen.

Drittens: In der Vergangenheit wurde stillschweigend angenommen, dass die moralische Verantwortung für ein Produkt bei seinem Benutzer liege. Wenn jemand einen anderen mit dem Messer erstach, hatte allein er die Verantwortung zu tragen und nicht etwa der Designer des Messers. Somit war die Konstruktion von Messern irgendeine vor-ethische, wertfreie Tätigkeit. Das ist jedoch heute nicht mehr so. Viele Industrieerzeugnisse werden von automatisierten Apparaten betrieben und es wäre absurd, Roboter für die Verwendung von Produkten verantwortlich zu machen.

Wen sollte man dann dafür verantwortlich machen, wenn ein Roboter tötet? Den Konstrukteur des Roboters, des Messers, oder denjenigen, der das Roboterprogramm eingerichtet hat? Wäre es nicht auch möglich, einem Fehler in der Konstruktion, der Programmierung oder der Herstellung die moralische Verantwortung zuzuschreiben? Und wie wäre es damit, die moralische Verantwortung dem Industriezweig aufzubürden, der den Roboter hergestellt hat? Oder etwa dem gesamten industriellen Komplex, letztlich gar dem ganzen System, zu dem dieser Komplex gehört?

Mit anderen Worten: Falls Designer diese Fragen nicht erörtern, kann eine totale Verantwortungslosigkeit die Folge sein. Das ist selbstverständlich kein neues Problem. Es wurde 1945 auf schreckliche Weise sichtbar, als sich die Frage stellte, wer für die Verbrechen der Nazis gegen die Menschlichkeit verantwortlich zu machen ist. Zur Zeit der Nürnberger Prozesse wurde ein Brief aufgefunden, der von einem deutschen Industriellen an einen Nazi-Funktionär geschrieben worden war. Darin bittet der Industrielle zahm um Verzeihung für die Tatsache, dass seine Gasöfen schlecht konstruiert waren: Anstatt Tausende Menschen auf einmal zu töten, wurden nur Hunderte getötet. Die Nürnberger Prozesse und etwas später das Eichmann-Verfahren zeigten klar, dass a) es keine Normen mehr für die Anwendung auf die industrielle Produktion gibt, b) kein einzelner Urheber eines Verbrechens existiert und c) dass die Verantwortlichkeit so weit verwässert ist, dass wir uns effektiv in einer Situation völliger Verantwortungslosigkeit gegenüber jenen Handlungen befinden, die von der industriellen Produktion ausgehen.

Kürzlich illustrierte der Irak-Krieg diese Problematik sogar noch deutlicher, obgleich weniger absurd-bestialisch als im Falle der Nazis. Die Todesquote dort war wie folgt: ein alliierter Soldat auf 1000 Iraker. Diese Quote wurde durch hervorragendes industrielles Design erzielt. Design, das zweckmäßig, wissenschaftlich akkurat und zweifelsohne ästhetisch beeindruckend war. Ist hier irgendeine ethische beziehungsweise moralische (geschweige denn politische) Verantwortung im Spiel? Führen Sie sich das Bild eines Piloten vor Augen, der seinen Hubschrauber nach einem Luftangriff verlässt und gleich darauf mit einem Fernsehreporter spricht. Er hat noch seinen Helm auf. Während er sich dem Reporter zuwendet, drehen sich die Geschütze des Fahrzeugs in dieselbe Richtung. Sein Helm ist mit den Geschützen synchronisiert, seine Augen befehligen den Angriff. Wer ist nun für diesen post-industriellen Hubschrauber-Piloten-Komplex verantwortlich und wer für das Verhalten, das sich aus einer derartig verflochtenen Beziehung ergibt? Ist irgendeine Instanz denkbar, die dazu in der Lage wäre, ein solches Verhalten zu beurteilen - egal, ob diese Instanz ein Richter, Priester, ein nationales beziehungsweise internationales Parlament, eine Kommission von Ingenieuren oder Spezialisten für die Analyse komplexer Systeme ist?

Sollte es uns nicht gelingen - jenseits aller Ideologien -, wenigstens den Weg der Annäherung an eine Lösung der ethischen Probleme im Design zu finden, dann werden der Nazismus, der Irak-Krieg und ähnliche Ereignisse lediglich die Anfangsstadien von Zerstörung und Selbstzerstörung darstellen. Die Tatsache, dass wir uns Fragen zu stellen beginnen, gibt Anlass zur Hoffnung.

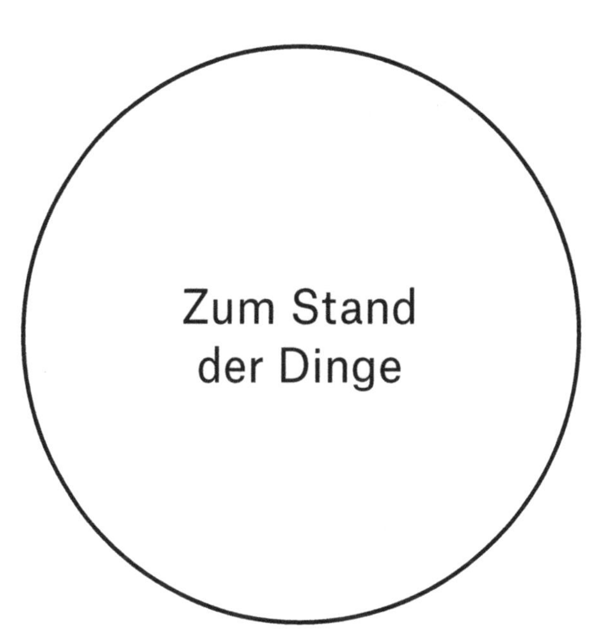

Zum Stand der Dinge

Der Krieg und der Stand der Dinge

Goethe rät bekanntlich dem Menschen, edel, hilfreich und gut zu sein, und das zeigt, wie weit wir uns von der Aufklärung entfernt haben. Man stelle sich vor, den goethischen Satz etwa vor einer Massendemonstration der Fundamentalisten in Algier zu verlesen (und sei es in arabischer Übersetzung). Man kann jedoch versuchen, die im Satz aufgezählten Eigenschaften zu aktualisieren. Statt »edel« könnte etwa »elegant« und statt »hilfreich« vielleicht »gebraucherfreundlich« gesagt werden. Die Schwierigkeit wäre allerdings, das Wort »gut« ins Jahrtausend-Ende zu überführen. Außerdem müsste man den goethischen Begriff »Mensch« ein wenig exakter formulieren. Denn seit dem Tod des Humanismus kann vom Menschen im Allgemeinen keine Rede mehr sein. Der vorliegende Aufsatz stellt sich die Aufgabe, den guten, aber wahrscheinlich teuren Rat Goethes folgendermaßen in die Design-Debatte zu transponieren: »Elegant, gebraucherfreundlich und gut sei der Designer.«

Das Problem sei an einem einfachen Beispiel beleuchtet. Es geht darum, ein Papiermesser zu entwerfen. Elegant sei der Designer: Das Messer sei ungewöhnlich, ohne aufdringlich zu werden (eben »edel«). Gebraucherfreundlich sei der Designer: Das Messer sei bequem und ohne besondere Vorkenntnisse benützbar (eben »hilfreich«). Und gut sei der Designer: Das Messer sei so wirksam, dass es ohne Anstrengung durch Papier (oder andere Widerstände) hindurchschneiden möge. Diese Güte ist (wie gesagt) problematisch. Das Messer kann nämlich zu gut sein: Es kann nicht nur Papier, sondern auch den Finger des Benutzers schneiden. Vielleicht ist also Goethes Rat ein wenig umzuformulieren: Edel sei der Mensch, hilfreich und gut, aber allzu gut soll er nun auch wieder nicht sein?

Angenommen, man hätte statt des Papiermessers eine jener Raketen genommen, die im Irak-Krieg eingesetzt wurden. Kein Zweifel, die Designer dieser Objekte sind außerordentlich edle Menschen: Die Raketen sind elegant und können als die Gegenwart charakterisierende Kunstwerke angesehen werden. Kein Zweifel auch, die Designer sind außerordentlich hilfreiche Leute: Obwohl die Raketen komplexe Systeme sind, sind sie derart freundlich, dass sogar halbwüchsige Halb-Analphabeten vom Oberlauf des Euphrat sie benützen können. Man kann jedoch die Meinung vertreten, dass die Designer der Raketen viel zu gute Menschen sind, weil diese Objekte nicht nur gut töten (was sie ja sollen), sondern auch andere Raketen provozieren, welche dann die Benutzer der ersten töten.

Die edlen, hilfreichen und allzu guten Designer der Irak-Raketen sind wahrscheinlich russische Ingenieure. Vielleicht haben sie Goethe gelesen (obwohl in Russland eher Schiller in den Mittelschulen serviert wird). Vom Standpunkt dieser edlen Menschen ist nichts am Goethezitat zu bemängeln. Dass die Raketenbenutzer getötet werden, ist für die Designer eine Herausforderung, noch besser zu werden. Nämlich Raketen zu entwerfen, die die Töter der getöteten ersten Töter töten. Das eben heißt Fortschritt: dank diesem Feedback beim Design werden die Menschen immer besser. Und dadurch auch immer hilfreicher und edler. Allerdings kann ein solcher, auf dem dialektischen Materialismus fußender Optimismus von anderen Standpunkten aus infrage gestellt werden.

Hier und jetzt ist nicht der Moment, gegen die progressive Verbesserung des Designs dank Krieg zu eifern. Also etwa dem sogenannten militärisch-industriellen Komplex vorzuwerfen, er sei die eigentliche Sprungfeder aller Eleganz, Freundlichkeit und aller Güte. Der Irak-Krieg führt wieder einmal deutlich vor Augen, wie es mit dem Design bestellt wäre, wenn es keine Kriege gäbe. Hätten unsere Ahnen damals in Ostafrika vor 100 000 Jahren nicht Pfeilspitzen entworfen, die zugleich elegant, gebraucherfreundlich und gut waren (die also eleganterweise bequem töten konnten), dann würden wir wahrscheinlich heute noch einander oder den Tieren mit Zähnen und Nägeln auf den Leib rücken müssen. Mag sein, dass der Krieg nicht die einzige Quelle des guten Designs ist (vielleicht ist auch das Geschlecht daran beteiligt, siehe Kleidermode). Aber ob man nun sagen möge »make love and war« oder nur »make love«, auf keinen Fall ist im Interesse des guten Designs »make love not war« zu sagen.

Es gibt aber Leute, die gegen den Krieg sind. Sie lassen sich nur ungern von Raketen töten (obwohl sie, wenn danach befragt, nicht sagen können, welche Todesart sie vorziehen). Solche Leute sind bereit, im Interesse des Friedens ein schlechtes Design hinzunehmen. Es freut sie geradezu, wenn die Raketen, die Papiermesser und die Pfeilspitzen immer schlechter und daher uneleganter, unbequemer werden. Das sind gute Leute in einem ganz anderen Sinn von »gut« als jenem, der bisher gemeint war. Diese guten Leute sind zu gar nichts anderem gut als einfach zum Dasein. Es sind Anti-Designer.

Zwar: Wenn man ihnen zusieht, wie sie da auf dem gegen sie entworfenen Gehsteig lagern, hat man den Eindruck, dass sie dennoch irgendetwas entwerfen: Bijouterie zum Beispiel. Aber das können sie auf die Dauer nicht machen, weil man nicht lange »make love« durchhält (wofür der Schmuck gemeint ist), ohne ins »make war« zu verfallen. Man kann nicht zugleich »gut an und für sich« und »gut für irgendetwas« sein, und man muss sich entscheiden: entweder Heiliger oder Designer.

Es gibt vielleicht einen Ausweg aus diesem Dilemma: entweder Krieg und ein elegantes, gebraucherfreundliches Leben inmitten von guten Objekten, oder aber ewiger Frieden und ein ordinäres, unbequemes Leben inmitten von schlecht funktionierenden Objekten. Anders gesagt: entweder böse und bequem oder unbequem und heilig. Vielleicht ließe sich ein Kompromiss vorschlagen: die Objekte absichtlich weniger gut entwerfen, als man es könnte. Also etwa Pfeilspitzen, die immer wieder danebenschießen, Papiermesser, die immer schneller stumpf werden, Raketen, die dazu neigen, in der Luft zu platzen. Allerdings sind dann auch Stühle in Kauf zu nehmen, die unter dem Sitzenden zusammenzubrechen drohen, und elektrische Birnen, die immer wieder Kurzschluss machen. Diesem Kompromiss zwischen Bosheit und Heiligkeit sind bekanntlich die verschiedenartigen Abrüstungskonferenzen gewidmet (an denen aber leider die Designer selbst nur selten teilzunehmen pflegen). Dann würde Goethes Rat etwa so klingen: Edel sei der Mensch, hilfreich, und mehr oder weniger gut, und daher mit der Zeit auch weniger edel und hilfreich. Aber dann wäre man noch immer nicht der Güte entkommen, und zwar aus folgenden Gründen:

Zwischen der reinen Güte (der »kategorischen«), die zu nichts gut ist, und der angewandten Güte (der »funktionellen«)

kann es eigentlich überhaupt keinen Kompromiss geben, weil letzten Endes alles, wozu die angewandte Güte gut ist, kategorisch schlecht ist. Wer sich entschlossen hat, Designer zu werden, der hat sich gegen die reine Güte entschieden. Er mag dies bemänteln, wie er will (etwa ablehnen, Raketen zu entwerfen, und sich darauf beschränken, Friedenstauben zu entwerfen). Er bleibt, seinem Engagement nach, der funktionellen Güte verhaftet. Beginnt er nämlich, nach der reinen Güte seiner Tätigkeit zu forschen (etwa der Frage nachzugehen, zu welchen Zwecken letztlich sein Design der Friedenstaube gut sein kann), dann ist er gezwungen, die Friedenstaube nicht etwa schlecht, sondern überhaupt nicht zu entwerfen. Es kann keinen schlechten Designer aus lauter reiner Güte geben, weil auch die Absicht, schlechtes Design zu entwerfen, funktionell und nicht rein ist. Wenn also ein Designer behauptet, er entwerfe nur jene Objekte, die seiner Vorstellung von der reinen Güte (den ewigen Werten und so weiter) entsprechen, dann ist er im Irrtum.

Es ist eben leider so mit der Güte: Alles, das zu irgendetwas gut ist, ist ein reines Übel. Jene Heiligen haben schon recht, welche sich in die Einsamkeit zurückziehen, um sich von Wurzeln zu nähren, und die ihre Nacktheit mit Blättern verbergen. Um dies etwas theologischer zu sagen: Die reine Güte ist zwecklos, absurd, und wo immer ein Zweck ist, dort lauert der Teufel. Vom Standpunkt der reinen Güte ist nur ein gradueller Unterschied zwischen dem eleganten und gebraucherfreundlichen Design eines Stuhls und einer Rakete: In beiden lauert der Teufel. Weil beide funktionell sind.

Wir sind weit von der Aufklärung entfernt und sind, gewissermaßen durch die Hintertür, den theologischen Spekulationen des dunklen Mittelalters wieder nähergekommen. Seit sich die Techniker bei den Nazis dafür entschuldigen mussten, dass ihre Gaskammern nicht gut genug waren, um die Kundschaft schnell zu töten, wissen wir wieder, was Teufel bedeutet. Wir wissen wieder, was hinter dem Begriff *Gutes Design* alles lauert. Das hindert uns aber leider nicht daran, elegante und bequeme Objekte haben zu wollen. Wir verlangen, unserem Wissen vom Teufel zum Trotz, der Designer möge edel, hilfreich und gut sein.

Design: Hindernis zum Abräumen von Hindernissen

»Gegenstand« ist, was im Weg steht, dorthin geworfen wurde (lateinisch: »ob-iectum«, griechisch: »problema«). Die Welt ist insoweit gegenständlich, objektiv, problematisch, insoweit sie hindert. »Gebrauchsgegenstand« ist ein Gegenstand, den man braucht und gebraucht, um andere Gegenstände aus dem Weg zu räumen. In dieser Definition ist ein Widerspruch enthalten: ein Hindernis zum Abräumen von Hindernissen? Dieser Widerspruch ist die sogenannte »innere Dialektik der Kultur« (falls man unter »Kultur« die Gesamtheit aller Gebrauchsgegenstände verstehen will). Man kann diese Dialektik etwa so fassen: Ich stoße auf meinem Weg gegen Hindernisse (gegen die gegenständliche, objektive, problematische Welt), ich stülpe einige dieser Hindernisse um (verwandele sie in Gebrauchsgegenstände, in Kultur), um fortzuschreiten, und diese derart umgekehrten Gegenstände erweisen sich selbst als hindernd. Je weiter ich fortschreite, desto mehr bin ich von Gebrauchsgegenständen behindert (mehr von Autos und Verwaltungsapparaten als von Hagel und Tigern). Und zwar bin ich davon doppelt behindert: Erstens, weil ich sie brauche, um weiterzugehen, und zweitens, weil sie mir im Weg stehen. Anders gesagt: Je weiter ich fortschreite, desto mehr wird die Kultur gegenständlich, objektiv, problematisch.

Dies als Einleitung – gewissermaßen zum Stand der Dinge. Bei Gebrauchsgegenständen lässt sich nämlich fragen, woher und wozu sie in den Weg geworfen wurden. (Bei anderen Gegenständen ist eine solche Frage sinnlos.) Und die Antwort auf diese Frage lautet: Sie sind seitens vorangegangener Menschen in den Weg *ent*worfen worden. Es sind diese Entwürfe, die ich zum Fortschreiten brauche und die mich am Fortschreiten hindern. Um aus dieser Zwickmühle auszubrechen, mache ich selbst Entwürfe: werfe selbst Gebrauchsgegenstände in den Weg von anderen Menschen. Wie habe ich diese

Entwürfe zu gestalten, damit meine Nachfolger sie zu ihrem eigenen Fortschreiten gebrauchen können und dabei davon so wenig wie möglich behindert werden? Das ist eine zugleich politische und ästhetische Frage, und sie bildet den Kern des Themas *Gestaltung.*

Die Frage lässt sich auch anders formulieren. Bei Gebrauchsgegenständen stoße ich auf Entwürfe anderer Menschen. (Bei anderen Gegenständen stoße ich auf etwas anderes, vielleicht auf das ganz Andere). Also sind Gebrauchsgegenstände Vermittlungen (Media) zwischen mir und anderen Menschen, nicht nur Gegenstände. Sie sind nicht nur objektiv, sondern auch intersubjektiv, nicht nur problematisch, sondern auch dialogisch. Die die Gestaltung betreffende Frage lässt sich demnach auch so formulieren: Kann ich meine Entwürfe so gestalten, damit das Kommunikative, das Intersubjektive, das Dialogische daran stärker als das Gegenständliche, das Objektive, das Problematische betont wird?

Bei Gestaltung steht Verantwortung (und daher Freiheit) infrage. Dass Freiheit infrage steht, versteht sich. Wer Gebrauchsgegenstände entwirft (wer Kultur macht), wirft anderen Hindernisse in den Weg, und nichts kann daran etwas ändern (auch nicht seine etwaige emanzipatorische Absicht). Aber dass bei Gestaltung Verantwortung infrage steht und dass dies überhaupt erst gestattet, bei Kultur von Freiheit zu sprechen, das will bedacht sein. Verantwortung ist der Entschluss, anderen Menschen gegenüber Antwort zu stehen. Sie ist Offenheit anderen gegenüber. Wenn ich mich beim Gestalten meines Entwurfs entschließe, dafür Antwort zu stehen, dann betone ich in dem von mir entworfenen Gebrauchsgegenstand das Intersubjektive und nicht das Objektive. Und je mehr ich beim Gestalten meines Entwurfs die Aufmerksamkeit auf den Gegenstand richte (je verantwortungsloser ich gestalte), desto mehr wird mein Gegenstand meine Nachfolger behindern, und der Spielraum der Freiheit in der Kultur wird schrumpfen. Ein Blick auf die gegenwärtige Kultursituation belegt dies: Sie ist von Gebrauchsgegenständen gekennzeichnet, deren Entwürfe verantwortungslos, mit auf den Gegenstand gerichteter Aufmerksamkeit, gestaltet wurden. Das ist in der gegenwärtigen Lage (und mindestens seit der Renaissance) beinahe unvermeidlich. Gestalter sind mindestens seither Menschen, welche Gestalten auf Gegenstände entwerfen, um immer brauchbarere Gebrauchsgegenstände herzustellen. Die Gegenstände widerstehen diesen Entwürfen. Dieser Widerstand fesselt die Aufmerksamkeit der Gestalter.

Er erlaubt den Gestaltern, immer tiefer in die gegenständliche, objektive, problematische Welt zu dringen, sie immer besser zu erkennen und zu beherrschen. Er erlaubt wissenschaftlichen und technischen Fortschritt. Dieser Fortschritt ist derart fesselnd, dass die Gestalter dabei jenen anderen Fortschritt, nämlich ihr Fortschreiten in Richtung anderer Menschen, vergessen. Der wissenschaftliche und technische Fortschritt ist derart fesselnd, dass jedes verantwortungsvolle Gestalten geradezu als Rückschritt erlebt wird. Die gegenwärtige Kulturlage ist so, wie sie ist, weil verantwortungsvolles Gestalten als rückschrittlich erlebt wird.

Die Propheten nannten diese Fesselung an die gegenständliche Welt »heidnisch«, und Gebrauchsgegenstände, welche Gegenstände fesseln, nannten sie *Götzen.* Die gegenwärtige Kulturlage ist, aus ihrer Sicht, von Götzendienst gekennzeichnet. Es gibt jedoch Symptome, die darauf deuten, dass sich die Einstellung zum Gestalten zu wandeln beginnt. Darauf, dass die Entwürfe immer weniger »heidnisch« und immer »prophetischer« gestaltet werden. Man beginnt nämlich, den Begriff »Gegenstand« vom Begriff »Stoff« zu lösen und immaterielle Gebrauchsgegenstände wie Computerprogramme und Kommunikationsnetze zu entwerfen. Nicht etwa, dass eine derartige emportauchende »immaterielle Kultur« weniger hinderlich wäre: Sie schränkt die Freiheit vielleicht noch mehr ein als die materielle. Aber beim Gestalten derartiger immaterieller Entwürfe ist der Blick des Gestalters sozusagen spontan auf den anderen Menschen gerichtet. Er wird von der immateriellen Sache selbst zu einem verantwortungsvollen Gestalten angeleitet. Die immateriellen Gebrauchsgegenstände sind Götzen (und werden angebetet), aber es sind durchsichtige Götzen, und sie erlauben, die anderen Menschen dahinter zu ersehen. Ihre mediale, intersubjektive, dialogische Seite ist sichtbar.

Dies ist allerdings noch kein ausreichender Grund, um auf eine künftige verantwortungsvollere Kultur zu hoffen. Aber es kommt ein weiterer Punkt hinzu, der zu einigem Optimismus berechtigt. Gebrauchsgegenstände sind nämlich Hindernisse, die ich brauche, um fortschreiten zu können, und je mehr ich sie brauche, desto mehr verbrauche ich sie. Verbrauchte Gebrauchsgegenstände sind solche, bei denen der sie in den Weg werfende Entwurf ausgelöscht wurde. Sie haben die auf sie entworfene Gestalt verloren, sie sind entstaltet und werden weggeworfen. Das ist auf den zweiten Grundsatz der Thermodynamik zurückzuführen, welcher besagt, dass aller Stoff dazu neigt, seine Gestalt (seine Information) zu verlieren. Dieser Grundsatz gilt auch (wenn auch weniger eindrucksvoll) für immaterielle Gebrauchsgegenstände: Auch sie wandern dem Abfall entgegen. Wir beginnen, uns der Vergänglichkeit aller Gestalten (und daher alles Gestaltens) immer bewusster zu werden. Denn der Abfall beginnt, uns mindestens ebenso zu behindern wie die Gebrauchsgegenstände. Die Frage nach Verantwortung und Freiheit (diese dem Gestalten innewohnende Frage) stellt sich nicht nur beim Entwerfen, sondern auch beim Wegwerfen von Gebrauchsgegenständen. Mag sein, dass dieses Bewusstwerden der Vergänglichkeit alles Gestaltens (auch jenes von immateriellen Entwürfen) dazu beitragen wird, in Zukunft etwas verantwortungsvoller zu gestalten, um einer Kultur Platz zu bieten, in welcher die Gebrauchsgegenstände immer weniger Hindernisse und immer mehr zwischenmenschliche Verbindungen sein werden. Einer Kultur mit etwas mehr Freiheit.

Schirm und Zelt

Es gibt zwar eine Menge dummer Gegenstände um uns herum, aber Schirme gehören zu den dümmsten. Regenschirme zum Beispiel sind relativ komplizierte Vorrichtungen, funktionieren gerade dann nicht, wenn sie dies tun sollten (zum Beispiel im Wind), sie schützen nur dürftig, sind unbequem zu transportieren, und für die Augen unbeschirmter Nebenmenschen sind sie gemeingefährlich. Ganz abgesehen davon, dass Schirme vergessen und verwechselt werden. Zwar gibt es Schirmmoden, aber eigentlich keinen technischen Fortschritt seit den alten Ägyptern, und wenn man sagt: »Der Ewige ist mein Schirm«, so ist dies als Gotteslästerung zu deuten.

Wenn man zusieht, mit welcher Geschwindigkeit und Bequemlichkeit riesige Zirkuszelte aufgeschlagen und wieder gefaltet werden, dann könnte man meinen, es sei gar nicht so schlecht bestellt um die Schirme: Es ist nicht ihre Schuld, dass sich die Leute nicht auf sie verstehen, und sie werden es lernen, sobald sie zu zelten beginnen. Aber wenn man Fallschirme bedenkt, dann kommt man wieder zurück zur ursprünglichen Überzeugung der Dummheit von Schirmen. Da springt man aus einem fliegenden Flugzeug, und der Wind entfaltet automatisch den Schirm. Aber wenn man unten angekommen ist, dann hat man die größten Schwierigkeiten beim Falten des Schirms. Daran erkennt man, was so empörend dumm an Schirmen ist, und überhaupt an Zelten (falls der Schirm die Zelt-Essenz ist): dass die Architekten (und überhaupt die Zelt-Designer) seit dem alten Ägypten noch nicht darauf gekommen sind, dass sie es mit dem Wind zu tun haben und nicht mit der Schwerkraft. Dass die Gefahr bei Schirmen und Zelten nicht ihr Zusammenbruch ist, sondern vom Wind auf und davon gefegt zu werden. Das wird sich ändern. Man wird »immaterieller« denken lernen, sobald die Mauern eingerissen sind.

Versuchen wir also noch einmal, das Wesentliche am Zelt zu Worte kommen zu lassen: Es ist ein schirmartiger Unterschlupf, den man im Wind aufschlägt, gegen den Wind benützt, um ihn dann im Wind wieder zu falten. Wer würde bei so einer Formulierung der Zelt-Essenz nicht an Segel denken? Und tatsächlich ist ja das Segel jene Form des Zeltes, bei welcher der Wind erst richtig in den Griff kommt. Das Zelt als Schirm versucht sich gegen den Wind zu stemmen, aber das Zelt als Segel versucht, die Kraft des Windes auszubeuten. So dumm der Schirm, so klug das Segel: Ein richtig gebautes Segelschiff kann beinahe gegen jeden Wind fahren und ist nur bei Windstille ohnmächtig. Und ein Segelflugzeug kann den Wind nicht nur horizontal, sondern auch vertikal manipulieren.

Also werden die künftigen Designer bei ihren Entwürfen nicht nur an Regenschirme, sondern auch an Drachen zu denken haben, so wie sie Kinder im Wind tanzen lassen. Das Aufknacken des Wesentlichen am Zelt lässt Fallschirme und Segelflugzeuge als zwei unter zahlreichen Varianten des Zeltthemas erscheinen. Weil es im Zelt eine Leinwand sieht, die sich im Wind bläht. Die Leinwand als Gegenstück zur Mauerwand, das Blähen im Wind als Gegenstück zum Brechen des Windes: Das ist nicht der schlechteste Ausgangspunkt zur Analyse der über uns hereinbrechenden kulturellen Wende. Bevor man jedoch auf das Wandproblem eingeht, muss man den Wind bedenken und kommt damit in uralte Gefilde. Nämlich dazu, dass man den Wind zwar hört (oft tost er ohrenbetäubend), dass man ihn fühlt (er kann einen umwerfen), aber dass man ihn selbst nicht sehen kann, sondern nur seine oft verheerenden Folgen. Sobald man von Mauerwänden zu Leinwänden schreitet, scheint alles immaterieller werden zu wollen.

Die Zeltwand, ob sie nun in den Erdboden gerammt ist wie beim Zirkus, über einen Stock gespannt wie beim Regenschirm, in der Luft schwebt wie beim Fallschirm und beim Drachen, auf Masten weht wie beim Segelschiff und bei der Fahne, ist eine Windwand. Die Mauerwand hingegen, sei sie wie immer geartet und mit noch so vielen Fenstern und Türen versehen, ist eine Felswand. Daher ist das Haus, wie die Felshöhle, von der es stammt, ein dunkles Geheimnis (ein »Heim«) und das Zelt, wie das Baumnest, dessen Nachkomme es ist, ein Ort des Versammelns und Auseinanderstrebens, eine Windstille. Im Haus wird besessen, es ist Besitz, und diesen Besitz definieren Mauern. Ins Zelt wird gefahren, es sammelt Erfahrung, und diese Erfahrung verzweigt und verästelt sich durch die Zeltwand. Dass die Zeltwand ein Netz ist, nämlich ein Gewebe, und dass auf diesem Netz Erfahrungen prozessiert werden, ist im Wort »Leinwand« enthalten. Es ist eine Textilie, die für Erfahrungen offensteht (sich dem Wind, dem Geist öffnet) und diese Erfahrung speichert. Seit uralter Zeit speichert die Zeltwand in Form von Teppichen Bilder, seit der Erfindung von Ölfarben aufgestellte Bilder, seit der Erfindung des Films fängt sie entworfene Bilder auf, seit der Erfindung des Fernsehens dient sie als Schirm für elektromagnetisch gewobene Bilder, und seit der Erfindung von Computerplottern erlaubt die immateriell gewordene Zeltwand das Verzweigen und Verästeln von Bildern dank Prozessierung ihres Gewebes. Die sich im Wind blähende Zeltwand sammelt die Erfahrung, prozessiert sie und sendet sie aus, und ihr ist zu verdanken, dass das Zelt ein kreatives Nest ist.

Menschen, Bücher und andere Rätsel

In seiner eigenen Bibliothek zu sein und die Wände voller Bücher zu betrachten (kein bestimmtes Buch zu suchen, aber zu mustern), ist, wie einen stillen und uns wohlbekannten See anzuschauen, der trotz allem unbekannte Gefahren birgt. Es ist ein gutes Gefühl, weil es Sicherheit am Ufer der Gefahr verbreitet. Deshalb ist die Bibliothek das, was uns von allen Zimmern des Hauses die beste Unterkunft bietet. Dort ist man ganz allein, obwohl von anderen ganz umgeben. Ganz allein, weil vor Geräuschen und vor Aussichten auf die Welt von den Buchrücken beschützt. Ganz von anderen umgeben, weil Bücher leicht umgewandt und auf unzählige Bitten hin ausgebreitet werden können. Es ist die beste aller Unterkünfte: die Situation herausfordernde Herausforderungen. In der ich von stummen, harmlosen und gehorsamen Dingen umgeben bin, die, wenn und wann umgewandt, Aufforderungen zu einem Abenteuer werden, wenn in Ruhe gelassen, Wanddekoration sind. Ist es das Paradies oder die Hölle, von Dingen umgeben zu sein, die je nach Beschluss in andere verwandelt werden können? Man kann diese seltsame Gegenwart, »Buch« genannt, versuchen zu analysieren, um sein Klima zu erfassen. Niemals wird es eine Antwort auf die Frage »Was ist ein Buch?« geben.

Die Existenzanalyse unterscheidet zwischen dem Ding und dem Anderen. Ding ist ein Phänomen dort in der Welt, dem ich auf meinem Weg in die Zukunft (dem Tod) begegne und das meinen Fortschritt hemmt, den Blick auf meinen Tod verstellt. Die Summe der Dinge ist die »objektive« Welt. Wenn ich dem Ding begegne, kann ich meine Hand ausstrecken, es erfassen, es verstehen und es manipulieren. Ich kann es aus meinem Weg schaffen, es überholen. Mein Weg in Richtung des Todes ist von manipulierten und überholten Dingen gekennzeichnet. Solche erledigten Dinge sind meine Vergangenheit: Sie sind keine Probleme mehr. Und Dinge, die mich umgeben und denen ich noch nicht begegnet bin, sind meine Zukunft. Das sind meine Probleme. Und hinter ihnen ist mein Tod, Horizont aller Dinge, ohne selbst Ding zu sein. Ohne ein Ding zu sein, ist es kein

Problem. Dort in der Welt gibt es aber einen anderen Typus von Phänomen. Ein Phänomen, das, wenn ich ihm begegne, nicht manipuliert, überholt und erledigt werden kann. Wenn ich ihm die Hand entgegenstrecken will, um es zu fassen, kann ich es nicht. Es widersteht meinem Vorstoß nicht: Es stößt mit mir vor. Weil es mir selbst die Hand entgegenstreckt – und bei dieser Art Begegnung sind es die Hände, die einander finden. Ich kann einen solchen Typ von Phänomen nicht fassen (wenn »fassen« manipulieren ist). Ich kann es nicht, weil ich mich in ihm erkenne: Es ist ein anderer, mein anderer.

Eine solche Analyse zeigt, dass die Mehrheit der Leute, denen ich begegne, nicht meine anderen sind. Diese Leute stehen mir im Weg, und ich muss sie fassen und manipulieren. Es ist mein Problem. Es gibt Wissenschaften (anthropologische), die mir helfen, ein solches Problem zu lösen. Dank derer kann ich Leute fassen und manipulieren, aus meinem Weg schaffen und frei in Richtung des Todes fortschreiten. Sehr wenige Leute, denen ich begegne, sind meine anderen. Von daher ist das Gebot »Liebe die Menschheit« vollständig verschieden vom Gebot »Liebet einander«. Ich begegne aber anderen, die keine Leute sind. Im Buch kann ich den Schock der Begegnung mit dem anderen erleben. In einem Phänomen also, das ich manipuliere?

Wie ist das möglich? Habe ich denn das Ding nicht als ein manipulierbares Phänomen definiert und das andere als nichtmanipulierbar? Trotz allem: Der Schock, einer Gestalt begegnet zu sein, die zusammen mit mir zum Tod vorstößt und in der ich mich erkenne, der Schock, der die Begegnung mit dem anderen charakterisiert, ist zweifellos dort. Natürlich: Ein solches existenzielles Geständnis ist für den ganzen ehrlichen Humanismus ein ernsthaftes Hindernis. Nicht alle Menschen sind so wie ich (sie sind nicht gleich), und nicht alles, das so ist wie ich, ist ein Mensch. Vernünftige Argumente für das Engagement am Humanismus können beweisen, dass ein solches Geständnis täuschend und sündhaft ist. Es werden starke Argumente sein und wir alle werden mit ihnen sympathisieren, doch sie werden dazu führen, die Vernunft an sich zu bezweifeln.

Eines der möglichen vernünftigen Argumente ist dieses: Menschen sollten nicht in Massen leben, sondern in kleinen Gruppen wie Clans, Dörfern oder Gangs. In solchen Gruppen erkennen sie einander an. Die Massen sind das Problem. Anthropologische Wissenschaften dürfen nicht Menschen manipulieren, sondern

Massen, um zu erlauben, dass ihre Mitglieder als Menschen anerkannt werden. Aber seltsamerweise ist ein solches Argument auch auf Bücher anwendbar. Wenn die Ursache für die gegenwärtige unmenschliche Manipulation der Menschen durch Menschen die menschliche demographische Explosion ist, so gibt es genauso eine demographische Explosion von Büchern. Der billige Haufen von Paperbacks, schnell manipulierbar, in Manteltaschen tragbar und in den Abfall wegwerfbar, macht das Buch zu einem Massenprodukt (wie im Fall der Menschen). Und es gibt die kleinen Dörfer und Gangs von Büchern, Clans, die die Wände meiner Bibliothek bedecken und in denen ich mich erkenne. Sollte es eine bibliographische Wissenschaft geben, die mithelfen würde, mich in Büchern zu erkennen und die die Masse manipuliert, also nicht Bücher, sondern Buchhandlungen?

Im Gegensatz zum ersten gibt es ein anderes vernünftiges Argument. Bücher sind spezielle Dinge, und zwar Mittel, dank derer manche Menschen mit anderen kommunizieren. Deshalb (infolge irgendeines existenziellen Irrtums) glauben manche, sich in Büchern zu erkennen, wenn sie sich in Wirklichkeit in ihren Autoren erkennen. Und als Kommunikationsmittel sind Bücher in der Krise. Es gibt heutzutage geeignetere Mittel, zum Beispiel die Massenkanäle. Auf diese Weise wären wir dabei, Bücher zu überholen (wie wir schon erzählte und gesungene Legenden überholt haben); ein Beweis dafür, dass Bücher überholbare Dinge sind, so wie alle Dinge auf der Welt. Die heutige demographische Explosion von Büchern wäre ein Beweis ihrer bevorstehenden Beseitigung. Seltsamerweise ist dieses Argument auch für Menschen gültig. Man kann sie als Mittel ansehen, wodurch der Autor mit mir kommuniziert. Deshalb (infolge eines existenziellen Irrtums) glauben manche, sich in einigen Menschen wiederzuerkennen, wenn sie sich in Wirklichkeit im Autor dieser Menschen erkennen (ein solches Argument ist den okzidentalen Religionen nicht fremd. Es behauptet, dass die Liebe zu Menschen der Weg der Liebe zu Gott ist.). Und Menschen wären heutzutage Kommunikationsmittel in der Krise. Es gibt geeignetere Mittel, zum Beispiel Computer. Auf diese Weise wären wir dabei, Menschen zu überholen (wie wir Bücher überholen), ein Beweis dafür, dass Menschen nichts als Dinge sind (ein solches Argument ist einer Art des Darwinismus nicht fremd). Die heutige demographische Explosion der Menschen wäre ein Beweis ihrer bevorstehenden Beseitigung. Was bedeutet das?

Dass, wenn ich mich in irgendeinem Phänomen erkenne (ob Mensch, ob Buch, was immer), ein solches Phänomen mein anderer ist, und dass es kein falsches Anerkennen geben kann. Damit es ein solches Anerkennen gibt, erfordert es keinen vorausgesetzten Autor. Tatsächlich, wenn ich dem Autor eines Buches, in dem ich mich erkannt habe, begegne, brauche ich in ihm nicht den Autor des Buches wiederzuerkennen und noch viel weniger, mich in ihm zu erkennen. Und sollte ich dem Autor der Menschen begegnen, brauche ich mich in Ihm nicht wiederzuerkennen und Ihn nicht anzuerkennen. Vielleicht, weil Er nicht mein Anderer ist, sondern etwas vollständig anderes. Die Ursache dafür ist diese: Sie haben ihre je eigenen Schicksale, *habent fata sua homines* und *habent fata sua libelli*. Selbstverständlich gibt es außerdem Autoren, die autonom von solchen Autoren sind.

Was sage ich mit der Behauptung, dass ein bestimmtes Ding einen Autor hat? Es gibt darauf zwei Antworten. Die genetische (historische) besagt, dass es beweisbar ist, dass ein solches Ding von jemandem (oder von etwas) gemacht wurde, »Ursache« eines solchen Dings ist. Die strukturale (formale) besagt, dass im Ding selbst die Absicht beweisbar ist, einen Autor zu haben (es kann kein Ding ohne Ursache geben, ein Beweis dafür, dass sowohl Menschen als auch Bücher Dinge sind). Sollte ich mich aber für die zweite Antwort entscheiden, ist der Beweis der Autoren weniger dringend. Es kommt dann die Autonomie der Bücher und Menschen zum Vorschein. Es ist wahr, dass ich in Menschen und Büchern eine Absicht feststellen kann, dass sie auf etwas hinweisen, etwas bedeuten. Es wird aber schwierig, zu behaupten sein, dass eine solche Absicht mit jener, die von den Autoren hineingelegt wurde, übereinstimmt. Bei den Menschen kann zum Beispiel die genetische Information, die im Keim enthalten ist, als vom Autor hineingelegt angesehen werden, und sie bedingt tatsächlich ihren Träger zu determinierten Vorbildern. Eine solche Bedingung hat aber einen weiten Parameter, und es wird der Träger selbst sein, der der Botschaft eine Bedeutung geben wird. Und er kann in diesem Sinn sein eigener Autor genannt werden. Und etwas Ähnliches kann in Bezug auf Bücher behauptet werden (ohne sie zu anthropomorphisieren). Buchseiten enthalten Informationen, vom Autor hineingelegt, es geht aber um eine »offene« Information, ein Grund dafür, dass ein Buch eine andere Bedeutung haben kann, als vom Autor beabsichtigt war. Das ist so, weil Menschen und

Bücher zum Teil autonom von ihren Autoren sind. Das Buch teilt das Schicksal seiner Besitzer. Und das ist es, was die Alten mit *habent sua fata libelli* sagen wollten. Und da ich auch *ego habeo fatum* ergänze, erkenne ich mich in ihnen. Sie sind meine anderen.

Menschen, Bücher (und andere Phänomene mehr) können als Ziffern angesehen werden. Sie sind lesbar (entzifferbar). Sie sind Rätsel. Und das ist die Bedeutung von »Anerkennung«: die Entdeckung, dass ein gegebenes Phänomen ein Rätsel ist. Die Welt der Dinge, die objektive Welt, enthält keine Rätsel, aber Probleme. Der Unterschied ist dieser: Beim Lösen von Problemen bleibt nichts übrig, beim Lösen von Rätseln bleibt ihre Bedeutung übrig. Auf dem Grund der objektiven Welt gibt es keine Bedeutung. Das erklärt den wiederholten Versuch, die Welt als Buch anzusehen und es zu lesen zu versuchen. Weil es schwer ist, anzunehmen, dass die objektive Welt keine Bedeutung hat. Die »Welt als Buch«, dieser Begriff des Islams und der Renaissance, vielleicht bis in die Mitte des achtzehnten Jahrhunderts reichend, infolgedessen die Wissenschaftler und andere nach der geheimen Bedeutung der Dinge suchen (die Mathematik oder jede andere Botschaft, von welchem Autor auch immer), ist ein unhaltbarer Begriff. Weil früher oder später festgestellt werden kann, dass die entdeckte Bedeutung von den Entdeckern selbst hineingelegt wurde. Und das ist der Grund, warum das Erkennen in Dingen der objektiven Welt unmöglich ist: Sie ist undurchsichtig, für welche Bedeutung auch immer.

Es scheint also, dass Menschen und Bücher (und einige andere Phänomene) dieses gemeinsam haben: Sie können ebenso als Dinge (Teile der objektiven Welt) als auch als meine anderen (Subjekte, in denen ich mich erkenne) angesehen werden. Zweifellos gibt es trotzdem einen fundamentalen Unterschied zwischen Menschen und Büchern (es gibt also Hoffnung auf einen ehrlichen Humanismus). Das Klima der Bibliothek, mit dem dieser Artikel begann, beweist es. Der Unterschied ist dieser: Um Menschen als Dinge anzusehen, muss man sie wenden und vom Rücken aus betrachten. Und um Bücher als andere anzusehen, muss man sie wenden und öffnen. Menschen sind offen – und um sie zu manipulieren, müssen sie geschlossen sein. Bücher sind geschlossen und müssen manipuliert werden, um sie zu öffnen.

Das Ideal vieler Utopien ist, die Menschheit zu manipulieren, sodass sie zu einer Bibliothek wird, mit allen Öffnungen gegen die

Wand gedreht und alle Rückseiten dem Besitzer der Bibliothek zugewandt. In solchen Utopien werden die Menschen Wanddekoration. Alle Rätsel der Welt werden überholt worden sein (ohne gelöst worden zu sein), und es wird die Rückkehr in die analphabetische Unschuld möglich (die das Paradies ist).

Kehren wir zur Bedeutung der Bibliothek zurück, mit ihrem Klima der Sicherheit einer geheimen Gefahr gegenüber, mit ihrem Klima, uns zu beherbergen. Wer in seiner Bibliothek ist und die Wände voller Bücher betrachtet, ist dabei, die Utopie zu erleben, die Fülle der Zeiten. Die Bücher (und die Menschen) brauchen nicht mehr entziffert, gerichtet, verurteilt und verbrannt zu werden. Sie wurden zur Wanddekoration. So eine Situation hat ihren Preis. Es ist dieser: Von jetzt an erkenne ich mich in nichts, bin vollständig allein. Wenn ich eine solche Einsamkeit brechen will, muss ich irgendein Buch wählen, es vom Regal herunterholen und es öffnen. Damit beginnt die Geschichte, mit all ihren Gefahren, wieder von Neuem. Und sollte ich mich in so einem Buch erkennen, wird die Frage: »Was ist ein Buch?« von Neuem auftauchen. Und es wird keine Antwort geben.

Der Hebel schlägt zurück

Maschinen sind simulierte Organe des menschlichen Körpers. Der Hebel zum Beispiel ist ein verlängerter Arm. Er potenziert die Hebefähigkeit des Arms und vernachlässigt alle übrigen Armfunktionen. Er ist »dümmer« als der Arm, dafür reicht er weiter und hebt größere Lasten.

Die Steinmesser – den Reißzähnen nachgebildet – gehören zu den ältesten Maschinen. Sie sind älter als *homo sapiens sapiens,* und sie reißen noch heute: weil sie nämlich nicht organisch, sondern aus Stein sind. Wahrscheinlich hatten die Altsteinzeitmenschen auch lebendige Maschinen: Schakale, die sie als verlängerte Beine und Reißzähne beim Jagen benützten. Schakale sind als Reißzähne weniger dumm als Steinmesser, dafür sind die Steinmesser dauerhafter. Das mag ein Grund sein, warum man bis zur industriellen Revolution sowohl »anorganische« als auch organische Maschinen benützte: sowohl Messer als auch Schakale, sowohl Hebel als auch Esel, sowohl Schaufeln als auch Sklaven. Um sowohl Dauerhaftigkeit als auch Intelligenz zur Verfügung zu haben. Aber »intelligente« Maschinen (Schakale, Esel und Sklaven) sind strukturell komplizierter als »dumme«. Das ist der Grund, warum man seit der industriellen Revolution begann, auf sie zu verzichten.

Die industrielle Maschine zeichnet sich von der vorindustriellen dadurch aus, dass ihr eine wissenschaftliche Theorie zugrunde liegt. Zwar hat auch der vorindustrielle Hebel das Hebelgesetz im Bauch, aber erst der industrielle *weiß* darum. Das drückt man gewöhnlich so aus: Vorindustrielle Maschinen sind empirisch, industrielle technisch hergestellt worden. Zur Zeit der industriellen Revolution hatte die Wissenschaft eine Reihe von Theorien, die »anorganische« Welt betreffend, zur Verfügung; vor allem Theorien der Mechanik. Aber betreffs der organischen Welt stand es um Theorien sehr dürftig. Was für Gesetze der Esel im Bauch hat, wusste nicht nur er nicht, sondern ebenso wenig wussten es die Wissenschaftler. Daher ist seit der industriellen Revolution der Ochs der Lokomotive und das Pferd dem Flugzeug gewichen. Ochs und Pferd waren eben technisch nicht machbar. Was die Sklaven betrifft, so war die Sache verzwickter. Die technischen Maschinen wurden nicht nur immer wirksamer, sondern auch größer und teurer. Dadurch wandte sich das Verhältnis »Mensch/Maschine« um, und die Menschen bedienten sich nicht länger der Maschinen, sondern sie dienten ihnen. Sie wurden zu relativ intelligenten Sklaven der relativ dummen Maschinen.

Daran hat sich in unserem Jahrhundert einiges verändert. Die Theorien haben sich verfeinert, und dadurch sind die Maschinen immer wirksamer und dabei kleiner und vor allem »intelligenter« geworden. Die Sklaven werden immer redundanter und fliehen vor den Maschinen in den Dienstleistungsbereich oder werden arbeitslos. Das sind bekanntlich die Folgen der Automation und »Robotisation«, die den Prozess der nachindustriellen Gesellschaft charakterisieren. Aber das ist nicht die Veränderung, auf die es tatsächlich ankommt. Bedeutend ist vielmehr die Tatsache, dass man beginnt, ziemlich verwendbare Theorien auch auf dem Gebiet der organischen Welt zu haben. Man beginnt zu wissen, welche Gesetze der Esel im Bauch hat. Demzufolge wird man künftig Ochsen, Pferde, Sklaven und Supersklaven technisch herstellen können. Das wird man wohl die zweite oder die »biologische« industrielle Revolution nennen.

Dabei wird sich herausstellen, dass der Versuch, »intelligente anorganische« Maschinen zu bauen, bestenfalls ein Flickwerk ist und schlimmstenfalls ein Irrtum; ein Hebel muss kein dummer Arm sein, wenn man in ihn ein Zentralnervensystem einbaut. Die hohe Intelligenz des Ochsen kann von »biologisch« richtig gebauten Lokomotiven sogar übertroffen werden. Man kann die Dauerhaftigkeit des »Anorganischen« mit der Intelligenz des Organischen beim künftigen Maschinenbau verbinden. Bald wird es von steinernen Schakalen nur so wimmeln. Aber das ist nicht unbedingt ein paradiesischer Zustand: Die steinernen Schakale, Ochsen, Sklaven und Supersklaven wuseln nur so um uns herum, während wir versuchen, die aus ihnen quillenden Zweitindustrieprodukte zu essen und zu verdauen. So kann das nicht sein. Und zwar nicht nur, weil diese »steinernen Intelligenzen« zunehmend »intelligenter« werden und daher nicht dumm genug, um uns zu bedienen. Es kann so nicht sein, weil die

Maschinen auf uns zurückschlagen, selbst wenn sie dumm sind. Wie erst werden sie schlagen, wenn sie gescheiter werden?

Der alte Hebel schlägt auf uns zurück: Wir bewegen die Arme, als seien es Hebel, seit wir Hebel haben. Wir simulieren unsere Simulanten. Seit wir Schafe züchten, verhalten wir uns wie Herden und benötigen Seelenhirten. Dieses Zurückschlagen der Maschinen wird gegenwärtig deutlich: Die Jungen tanzen wie Roboter, die Politiker treffen Entscheidungen nach computerisierten Szenarien, die Wissenschaftler denken digital und die Künstler plotten. Folglich muss bei jedem künftigen Maschinenbau dieses Zurückschlagen des Hebels auf uns mitberücksichtigt werden. Es geht nicht an, Maschinen nur mit Rücksicht auf die Ökonomie und die Ökologie zu bauen. Es muss auch bedacht sein, wie solche Maschinen auf uns zurückschlagen werden. Eine schwierige Aufgabe, wenn man in Betracht zieht, dass gegenwärtig die meisten Maschinen von »intelligenten Maschinen« gebaut werden und dass wir selbst dabei nur sozusagen vom Horizont her zuschauen, um gelegentlich einzugreifen.

Das ist ein Problem des *Designs:* Wie haben Maschinen zu sein, damit ihr Rückschlag uns nicht wehtut? Oder womöglich noch besser: damit er uns guttut? Wie haben die steinernen Schakale zu sein, damit sie uns nicht zerfetzen und damit wir uns selbst nicht wie Schakale verhalten? Selbstredend: Wir können sie so entwerfen, damit sie uns lecken, statt uns zu beißen. Aber wollen wir tatsächlich geleckt sein? Das sind schwierige *Fragen,* weil ja niemand tatsächlich weiß, wie er sein will. Man muss diese Fragen jedoch erörtern, bevor man darangeht, steinerne Schakale (oder auch nur Klone von Weichtieren oder Chimären von Bakterien) zu entwerfen. Und diese Fragen sind interessanter als künftige steinerne Schakale und Supermenschen. Ist der Designer bereit, sie zu stellen?

Warum eigentlich klappern die Schreibmaschinen?

Die Erklärung ist einfach: Das Klappern ist besser mechanisierbar als das Gleiten. Maschinen sind Stotterer, auch wenn sie zu gleiten scheinen. Das erkennt man an schlecht funktionierenden Autos und Filmprojektoren. Aber diese Erklärung genügt nicht. Denn die Frage meint: Warum stottern Maschinen? Und die Antwort lautet: Weil überhaupt alles auf der Welt (und die Welt als Ganzes) stottert. Das erkennt man allerdings erst, wenn man näher hinsieht. Schon Demokrit ahnte dies zwar, aber erst Planck konnte es zeigen: alles quantelt. Daher sind die Zahlen, aber nicht die Buchstaben, für die Welt angemessen. Sie ist berechenbar, aber unbeschreiblich. Darum sollten die Zahlen aus dem alphanumerischen Code ausbrechen und sich selbstständig machen. Die Buchstaben verführen zu bloßem Gerede über die Welt und sollten als für die Welt inadäquat seitlich liegen gelassen werden. Und das ist tatsächlich im Gange. Die Zahlen wandern aus dem alphanumerischen in neue Codes aus (zum Beispiel in den digitalen) und füttern Computer. Und die Buchstaben (wollen sie überleben) müssen die Zahlen simulieren. Darum klappern die Schreibmaschinen.

Dazu ist allerdings einiges zu sagen. Zum Beispiel: Dass alles auf der Welt stottert, hat sich erst herausgestellt, seit man begonnen hat, das alles zu zählen. Um es zählen zu können, hat man es in Steinchen (»calculi«) zerlegt und dann an jedes Steinchen eine Zahl geheftet. Vielleicht ist also die Tatsache, dass die Welt eine Streuung von Teilchen ist, eine Folge unseres Zählens? Gar keine Entdeckung, sondern eine Erfindung? Wir entdecken in der Welt, was wir selbst hineingefüttert haben? Die Welt ist vielleicht nur deshalb berechenbar, weil wir sie für unser Rechnen zurechtgebastelt haben. Nicht die Zahlen sind adäquat für die Welt, sondern umgekehrt: Wir selbst haben die Welt so zurechtgemacht, damit sie für unseren Zahlencode adäquat werde. Das sind ungemütliche Gedanken.

Sie sind ungemütlich schon deshalb, weil sie zu Folgendem führen: Die Welt ist gegenwärtig eine Streuung von Teilchen, weil wir sie so für unsere Rechnungen zurechtgebastelt haben. Vorher jedoch (mindestens seit den griechischen Philosophen) hat man die Welt alphabetisch beschrieben. Also musste sie sich damals nach den Regeln des disziplinierten Diskurses, nach den Regeln der Logik gerichtet haben und nicht nach jenen der Mathematik. Tatsächlich war ja noch Hegel der für uns jetzt wahnsinnig scheinenden Meinung, alles auf der Welt sei logisch. Wir sind gegenwärtig der umgekehrten Meinung: Alles auf der Welt ist auf absurde Zufälle zurückzuführen, welche dank Wahrscheinlichkeitsrechnung auskalkuliert werden können. Hegel dachte eben schriftlich (in »dialektischen« Diskursen), während wir rechnerisch denken (punktartige Daten prozessieren).

Die Sache wird noch ungemütlicher, wenn man bedenkt, dass Russell und Whitehead in *Principia mathematica* gezeigt haben, die Regeln der Logik seien nicht restlos auf jene der Mathematik zurückzuführen. Diese beiden Leute haben bekanntlich versucht, das logische Denken mathematisch zu manipulieren (»Propositionskalkül«), und sind dabei auf diese Irreduzibilität gestoßen. Also kann zwischen der beschriebenen Welt (zum Beispiel der Welt Hegels) und der berechneten (zum Beispiel der Welt Plancks) keine wirklich gute Brücke geschlagen werden. Seit wir das Rechnen methodisch auf die Welt anwenden (also mindestens seit der analytischen Geometrie von Descartes), hat sich die Struktur der Welt bis zur Unkenntlichkeit gewandelt. Und das hat sich langsam herumgesprochen.

Daraus kann man schließen wollen, dass es an uns selbst liegt, wie die Welt strukturiert ist. Wenn wir Lust haben, sie zu beschreiben, dann schaut sie wie ein logischer Diskurs aus, und rechnen wir lieber, dann schaut sie aus wie die Streuung von Teilchen. Das wäre voreilig geschlossen. Erst seit wir rechnen, haben wir Maschinen (zum Beispiel Schreibmaschinen), und ohne Maschinen können wir nicht leben, selbst wenn wir dies wollten. Wir sind also gezwungen, zu rechnen statt zu schreiben, und wenn wir trotzdem schreiben wollen, dann müssen wir klappern. Alles sieht so aus, als ob die Welt zwar für das Rechnen zurechtgebastelt werden müsste, aber nach diesem Zurechtbasteln selbst verlangte.

An dieser Stelle des Kopfzerbrechens gilt es, sich Zügel anzulegen. Man läuft sonst Gefahr, ins Bodenlose (Religiöse) zu stürzen. Um einen solchen Sturz in pythagoräische Zahlensakralisation zu vermeiden, ist es geboten, sich die Geste des Rechnens im Gegensatz zu jener des Schreibens vor Augen zu führen. Als man noch mit der Hand schrieb, zog man eine gewundene, stellenweise unterbrochene Linie, von links nach rechts, eine Zeile entlang (das heißt, wenn man im Westen wohnte). Es war eine lineare Geste. Wenn man rechnet, klaubt man Steinchen aus einem großen Haufen und sammelt sie zu kleinen Häufchen. Es ist eine punktuelle Geste. Zuerst kalkuliert man (klaubt) und dann computiert man (sammelt). Man analysiert, um zu synthetisieren. Das ist der radikale Unterschied zwischen dem Schreiben und dem Rechnen: Das Rechnen geht auf Synthesen aus, aber nicht das Schreiben.

Leute, die dem Schreiben verschrieben sind, wollen das leugnen. Sie sehen im Rechnen nur das Kalkulieren und sagen, dies sei kalt und gefühllos. Das ist ein geradezu böswilliges Missverständnis. Worauf es beim Rechnen ankommt, ist, kalt Kalkuliertes zu nie vorher dagewesenem Neuen zu computieren. Diese schöpferische Glut ist für Nichtrechner unzugänglich, solange beim Rechnen nur Zahlen angewandt werden. Sie können die Schönheit und die philosophische Tiefe einiger hervorragender Gleichungen (zum Beispiel der Einstein'schen) nicht miterleben. Aber seit man dank Computern die Zahlen in Farben, Formen und Töne umcodieren kann, sind die Schönheit und Tiefe des Rechnens sinnlich wahrnehmbar geworden. Man kann seine schöpferische Gewalt mit Augen auf Computerschirmen sehen, mit Ohren bei synthetisierter Musik hören und künftig wahrscheinlich bei Hologrammen mit Händen fassen. Das Begeisternde am Rechnen ist nicht, dass es sich die Welt zurechtbastelt (das kann das Schreiben auch), sondern dass es fähig ist, aus sich selbst sinnlich wahrnehmbare Welten zu projizieren.

Es hat wenig Sinn, diese synthetischen projizierten Welten als Simulationen der eigentlichen Welt, als Fiktionen zu beschimpfen. Diese Welten sind Raffungen von Punkten, Computationen von Kalkuliertem. Aber dies gilt auch für die »eigentliche« Welt, in die wir geworfen wurden. Auch sie wird rechnerisch von unserem Nervensystem aus punktförmigen Reizen computiert und dann als wirklich wahrgenommen. Also entweder sind die projizierten Welten ebenso wirklich wie die »eigentliche« (falls sie die Punkte ebenso dicht raffen wie diese), oder die »eigentliche« wahrgenommene Welt ist ebenso fiktiv wie die projizierten. Die gegenwärtige Kulturrevolution besteht darin, dass wir fähig geworden sind, neben die uns angeblich gegebene Welt alternative Welten zu stellen. Dass wir aus Subjekten einer einzigen Welt zu Projekten vieler Welten werden. Dass wir begonnen haben, das Rechnen zu lernen.

Omar Khayyam sagt: »Ah love, could you and I with fate conspire to grasp this sorry scheme of things entire. Would we not shatter it to bits and then remould it nearer to the heart's desire?« (O Liebe, könntest du mit mir und dem Schicksal so dich verschwören, dass wir dieses ganze verächtliche Gefüge der Dinge erfassen. Würden wir es dann nicht in Bits zertrümmern, um es nach Herzenswunsch umzucomputieren?) Die Leute sehen, dass wir daran sind, das ganze verächtliche Gefüge der Dinge zu Bits zu zertrümmern. Nicht aber, dass wir es auch nach Herzenswunsch umcomputieren können. Die Leute sollten endlich das Rechnen erlernen.

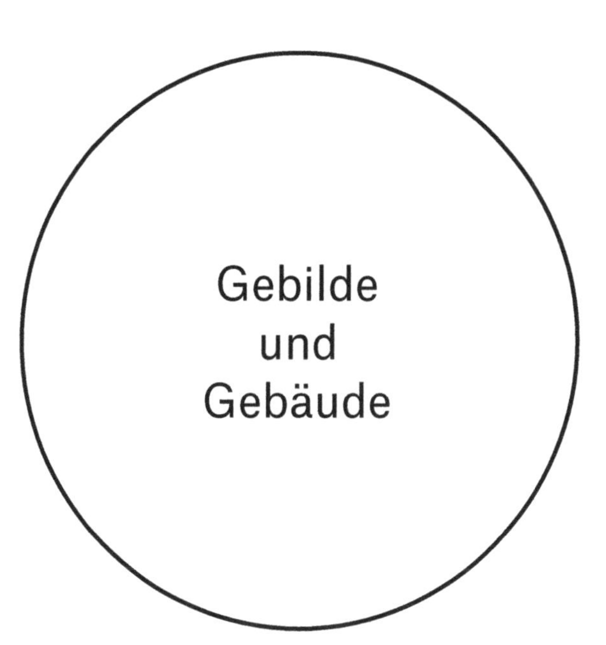
Gebilde
und
Gebäude

Das Unterseeboot

Wenn die Neuzeit das Zertrümmern, Zerzetteln und Aufteilen des im Mittelalter unter katholischem Vorzeichen gemeinten Denkens darstellt, dann bedeuten die Jahre, die mit der industriellen und der Französischen Revolution beginnen und mit dem Unterseeboot enden, ein Wiederversammeln des menschlichen Geistes unter dem Zeichen des Solipsismus. Ich werde versuchen, vor Augen zu führen – soweit es die Dokumente und archäologischen Reste gestatten, welche aus dieser bewegten und von Kriegen verseuchten Zeit bis zu uns sich erhielten –, aus welchen Gebieten der Wissenschaft, Philosophie, der Kunst und der Religion die Einflüsse strömten, die zum Entstehen des Unterseebootes notgedrungen führen mussten. Die physikalischen Wissenschaften lösten die Materie und Energie in einen Nebel mathematischer und logischer Symbole auf, die biologischen Wissenschaften reduzierten das Leben und seine Manifestationen zu einer Inkarnation von abstrakten Prinzipien, die sozialen Wissenschaften erblickten in der Gesellschaft eine Organisation von Gesetzen, die sich zumindest in der Sprache der statistischen Mathematik ausdrücken lassen. Die Religionen sahen in Gott eine abstrakte Idee und im Teufel bestenfalls eine Allegorie, wenn nicht eine Fabel. Die Künste wurden immer abstrakter, sie stellten nicht vor und stellten nicht dar, sie organisierten ins Leere. Die Philosophie verzichtete auf das Ding an sich, und damit auf die Erkenntnis, und beschränkte sich auf formalistische Klauseln der reinen Logik, der reinen Mathematik und der reinen Grammatik oder auf Diskussionen des Daseins unter Ausschluss des Seins als solchem. Mit einem Wort: Auf allen Gebieten des Geistes ging der Sinn für die Wirklichkeit verloren, die Welt verwandelte sich in einen Traum, der sich langsam von einem Wunschtraum (am Anfang des neunzehnten Jahrhunderts) in einen Albdruck (um die Mitte des zwanzigsten) wandelte und verzerrte. Dieses Verwandeln der Welt in ein Traumbild war aber nicht von einer Erschlaffung und Resignation der Tätigkeiten begleitet, sondern im Gegenteil: Wir kennen keine Epoche, die fieberhafter erzeugt, gekämpft, gemalt, geschrieben oder gedacht hätte. Die Menschheit glich nicht etwa einem ruhigen Träumer, sondern sie warf sich gequält im Traume auf ihrem Lager. Gegen Mitte des zwanzigsten Jahrhunderts wurde sie plötzlich aus ihrem unruhigen Schlafe geweckt, oder, um es anders auszudrücken: Ihr Traum wurde wirklich. Von diesem Erwachen will ich nur in seiner äußeren Form sprechen, von seiner Bedeutung und Wirkung auf spätere Zeiten werden wir später berichten.

In der physikalischen Forschung zu jener Zeit gelang es, die grundsätzliche Einheit von Materie und Energie auf rein mathematische Art und ohne tieferen Einblick und mystische Schau nachzuweisen, was selbstverständlich zur Folge hatte, dass unbegrenzte Mengen von Energie plötzlich zur Verfügung standen und unbegrenzte Mengen von Materie sich der Zerstörung boten. Denn dass man aus derselben Erkenntnis auch Materie aus Energie kondensieren könne, und also nicht nur zerstören, sondern auch aufbauen kann, ist typischerweise eine viel spätere Entwicklung. Diesem unbegrenzten Zerstörungsvermögen war eine einzige prekäre Grenze gesetzt, nämlich die der hohen finanziellen Kosten des Startens der Zerstörung. Dadurch blieb am Anfang verhütet, dass ein Einzelner die Welt vernichte; sondern diese Möglichkeit blieb den Regierungen vorbehalten, die über die nötigen finanziellen Mittel verfügten. Mit der Zeit wurde es jedoch immer ersichtlicher, dass sich die Kosten der Weltzertrümmerung wesentlich zu mindern anschickten, dass sich also die Reihe der potenziellen Weltzertrümmerer um immer weitere Regierungen, ökonomische Mächte wie Großindustrien und Banken und schließlich um einzelne Menschen erweitern und vermehren müsse. Dieser Entwicklung standen keine moralischen Schranken im Wege (war doch die Welt ein Traum, also ethisch neutral, man durfte sie ruhig vernichten), und es musste einem Menschen der Mitte des zwanzigsten Jahrhunderts so erscheinen, dass die endgültige Zerstörung der dinglichen Welt nur eine Frage der Zeit sei, und zwar einer Zeit, die in Jahren zu messen ist, nicht in Jahrzehnten. In diese Zeit fällt die Gründung jenes einzigartigen Phänomens, das wir »Unterseeboot« zu nennen gewöhnt sind.

Die Korrespondenz der Wissenschaftler und Philosophen, der Künstler und Gottesgelehrten, die diese neue Arche Noah erschufen, um die Sintflut zu vermeiden, ist uns zum Teil erhalten. Um das damalige geistige Klima zu illustrieren, zitiere ich aus einem jener historischen Briefe. »Ich bin mir bewusst«, so heißt es darin, »dass meine Erziehung als Chemiker mich in keiner Weise zu einem Menschheitserretter befähigt. Ich bin mir selbst nicht im Klaren über die Motive, die mich dazu führen, an unserem irrsinnigen Versuche teilzunehmen, einer unentrinnbaren Entwicklung die Stirn zu bieten. Die Menschheit scheint verdammt zu sein, an ihren Irrtümern und Verbrechen zugrunde zu gehen; und es scheint mir manchmal, als wäre unser Versuch, diesen Richtspruch zu unterbinden, in höchstem Grade sündhaft.« Ich könnte noch mit vielen weiteren Beispielen dienen, doch denke ich, hinlänglich die völlige Trennung von Logik und Ethik, von Wissen und Glauben jener Zeit bewiesen zu haben und die Verzweiflung bewiesen zu haben, die eine solche Trennung hervorruft. Das eben erscheint mir als eine der größten Taten jener siebzehn Männer und Frauen, die die menschliche Gesellschaft verließen, um sie zu retten: dass sie in sich das Wissen mit dem Glauben wieder verbanden und also zur Wirklichkeit fanden.

Die äußeren Tatsachen sind bekannt, ich will sie nur kurz ins Gedächtnis rufen: Siebzehn hervorragende Männer und Frauen der Wissenschaften, Künste und Religionen versetzten sich mittels Unterschlagung von öffentlichen Geldern in die Lage, ein für damalige Verhältnisse riesenhaftes Unterseeboot zu bauen respektive in Teilen bauen zu lassen und in einer verlassenen Werft in Norwegen zu montieren. Dieses Unterseeboot machten sie unabhängig von materieller Zufuhr durch einen Atomreaktor, der es mit unbegrenzter Energiezufuhr versorgte, von biologischer Zufuhr durch ein auf Seealgen aufgebautes Laboratorium, das eine unbegrenzte Versorgung von Nahrungsmitteln gewährte, und von geistiger Zufuhr durch Radioempfänger und Televisionsempfänger, die eine ununterbrochene geistige Verbindung mit der Menschheit garantierten. In diesem Unterseeboot installierten sie Vorrichtungen, die ich am besten unter dem Sammelnamen »Waffen zur materiellen und geistigen Bedrohung und damit Beherrschung der Menschheit« bezeichne. Und um das Gefährt legten sie einen Panzer von negativer Materie, von dem sie glaubten, er sei völlig undurchdringlich. Sie verankerten dieses Fahrzeug zu ihrer größeren Sicherheit in den Tiefen des pazifischen Ozeans nahe den Philippinen, um von dort aus eine militärische und geistige Entwaffnung der Menschheit zu erzwingen. Es ist einer der tragischsten Witze der Geschichte, dass eben im Misslingen dieses Vorhabens und im Untergang dieser Menschen ihre Rolle erfüllt ward und sie sozusagen im negativen Sinne die Retter der Menschheit wurden. Es gelang ihnen nur, wie man ja weiß, sämtliche Mächte der Welt gegen sich zu vereinen und nicht nur die militärische Rüstung, sondern auch die moralische Entrüstung der Menschheit gegen sich zu mobilisieren. Aus dieser kosmischen Mobilisation entsprang der neue Friede. Man kann, wenn man will, aus diesem Ereignis Parallelen nach Golgatha ziehen, doch habe ich mir vorgenommen, hier nur von den äußeren Tatsachen zu sprechen.

Von den Problemen, die dem Bau und der Versorgung des Unterseebootes entgegenstanden, will ich völlig schweigen. Sie wurden gelöst und sind daher für uns nicht mehr problematisch. Die Probleme jedoch, die jene Menschen auf ihrem Weg zur Beherrschung der Welt zu lösen sich vorgenommen hatten und an denen sie versagten, wie sie versagen mussten, die will ich doch erwähnen. Es handelt sich ja um ewige und wahrscheinlich nie zu lösende Probleme, und so gesehen war das Unterseeboot ja nur eines der unzähligen Experimente, Utopien zu realisieren. Aber die Art, wie die siebzehn die Probleme stellten und zu lösen versuchten, macht diese Menschen so aktuell und nach so vielen Jahrhunderten noch zu umstrittenen Gestalten. Auch die Tatsache, dass vorübergehend alle materielle Macht der Welt im Unterseeboot konzentriert war, und also vom machtpolitischen Stand nichts der Verwirklichung der vorgeschlagenen Lösungen im Wege stand, macht diesen ganzen Fragenkomplex so spannend.

Das materielle Beherrschen der Welt erwies sich als das einfachste der Probleme, und die Rolle der Physiker und Chemiker unter den siebzehn war, weil erfüllt, sehr bald untergeordnet. Durch ganz präzis kontrollierbare Strahlen konnte das Unterseeboot jeden beliebigen Menschen auf der ganzen Erde mit sofortigem Tode bedrohen und also jeden Einzelnen ständig terrorisieren, ohne einen allgemeinen Terror unter der Menschheit zu verbreiten. Auf diese Weise machte sich das Unterseeboot jeden von ihm erwählten Menschen vollständig botmäßig und war zu tatsächlichem Töten nur im Laufe der ersten Tage genötigt, in denen es galt, die Wirksamkeit der Strahlen unter Beweis zu stellen. Von diesen Tagen an bis zur allgemeinen Revolte der Menschheit war die Herrschaft des Unterseebootes auf Erden völlig unumstritten, und die Last der Regierung der Menschheit ruhte auf den Schultern der Nationalökonomen, der Ethnologen, der Biologen, der Philosophen, der Theologen und der Künstler unter den siebzehn. Die Protokolle und Aufzeichnungen, die möglicherweise von den Sitzungen dieses allmächtigen Komitees aufgenommen wurden, sind beim Untergang des Bootes leider verloren gegangen, sodass wir nicht unterrichtet sind über die Kämpfe und Meinungsverschiedenheiten, die zweifellos im Unterseeboot vor sich gingen, und uns erscheint das Boot als ein kollektives Übergehirn, als Weltmonarch mit individuellem Denken und Wollen. Die erste Proklamation an die Menschheit, die das Unterseeboot nach der Machtübernahme erließ und die von allen Radiosendern der Erde in allen Sprachen verkündet wurde, lässt schon auf die Stellung dieses Gehirns schließen. Sie lautete folgendermaßen: »Im Interesse der Erhaltung der Erde als für Menschen bewohnbaren Ort haben wir die legislative und exekutive Macht der gesamten Menschheit übernommen. Bei der Ausübung dieser Macht werden wir uns von folgenden Grundsätzen leiten lassen. Erstens: Der Mensch ist ein einzigartiges Ebenbild Gottes. Zweitens: Die Tatsache, dass sich Menschen zu biologisch oder ökonomisch bedingten Gruppen zusammenfinden, muss zwar von der Administration berücksichtigt werden, darf aber die grundsätzliche Einzigartigkeit des Menschen nicht überschatten. Drittens: Die Administration hat die wirtschaftlichen, rechtlichen, biologischen und erzieherischen Grundlagen zu bauen und zu erhalten, auf denen sich der intellektuelle, moralische und künstlerische Weg jedes einzelnen Menschen zu seinem Schöpfer entfalten kann. Sie hat jedoch auf diesen Weg selbst keinen Einfluss zu nehmen.« Es folgen dann, wie bekannt, jene Verordnungen, die alle Armeen auflösen, sämtliche Kriegsschiffe und Kriegsflugzeuge der Zerstörung anheimstellen, sämtliche Atomwaffen vernichten und alle Gesetze und Vorschriften der bisherigen Regierung provisorisch in Geltung lassen.

Wie ich ausführte, zeigt dieses erste Manifest bereits die Grundeinstellung des Unterseebootes zum Problem der Weltbeherrschung und lässt das tragische Ende dieser Schreckensherrschaft in nuce erahnen. Gegen eine solche Vergewaltigung des menschlichen Geistes war eine Vereinigung aller Tendenzen geradezu selbstverständlich. Die Materialisten – seien sie sozialistisch, seien sie liberalistisch gerichtet – standen schon beim ersten Satz der Proklamation in heller Entrüstung. Punkt zwei machte alle Nationalisten, Blutmystiker und Rassentheoretiker zu geschworenen Feinden, aber ebenso alle Syndikalisten, christlichen Arbeiterführer, mohammedanischen Völkerbefreier und antikolonialistischen Schwarzen. Der erste Satz des dritten Punktes verfeindete alle Freidenker, unabhängigen Philosophen und Künstler, der zweite Satz desselben Punktes machte alle Religionen zu Feinden. Mit diesem Manifest waren schon alle Grundlagen zu einer Verständigung der Menschheit im Zeichen des heiligen Krieges gegen das Unterseeboot gegeben.

Das Boot begann nun, aus seiner pazifischen Tiefe heraus, seine Ideen in Wirklichkeit umzuwandeln. Auf wirtschaftlichem Gebiet begann es, die Kolossalunternehmen – seien sie privatkapitalistisch, seien sie staatskapitalistisch – abzuschaffen und durch kompetitive kleine Kollektivunternehmen zu ersetzen. Gleichzeitig schaffte es nationale Grenzen ab und gründete etwas, das es »natürliche Wirtschaftsgemeinschaften« nannte. Durch Kreditregelungen (denn das Bankwesen wurde staatlich, das heißt dem Boot untergeordnet) versuchte es, die Wirtschaft auf weitgehende Automation in Industrie und Agrikultur zu lenken und die Arbeitszeit dadurch auf ein Minimum zu reduzieren. So gedachte das Boot, aus jedem Menschen einen Kapitalisten zu machen, einen Aktionär von Betrieben, in denen Maschinen schufteten. Es hat Jahrhunderte gedauert, bevor sich die Menschheit von diesem wirtschaftlichen Chaos erholte.

Auf dem Gebiet der Biologie versuchte das Boot, durch Eugenik die Menschheit zu veredeln. Die zahllosen Tragödien, die der Versuch, die Liebe vernünftig zu machen, in seiner Folge brachte, will ich hier nicht erwähnen; das automatische Vermischen aller Rassen zu einer Menschenrasse wurde durch diesen Versuch in keiner Weise beschleunigt, sondern, obwohl beabsichtigt, eher behindert.

Die Psychologie im Dienste des Bootes, also die auf das Konditionieren zum Glücke abgerichtete Propaganda durch Radio, Presse und so weiter, hatte nicht den erwarteten Erfolg: Die Menschen wurden beim Hören der Radioprogramme nicht glücklich. Das mag auf die damals noch unvollständige Kenntnis der Psyche zurückzuführen sein, aber auch auf den Widerstand, den der einzelne Bürger der Bootpropaganda automatisch leistete.

Die ebenso gescheiterten Versuche auf dem Gebiet der Künste, der Wissenschaften, der Erziehung, vor allem auf dem Gebiet der Erziehung zum Glauben, seien nur kurz erwähnt, sie gehören, da schon weit wesentlicher, künftigen Erörterungen an.

Woran ist der Versuch des Bootes, die Welt zu beherrschen, gescheitert? Er ist an der Wirklichkeit gescheitert, an jener Wirklichkeit, von der das zwanzigste Jahrhundert sich völlig entfernt hatte und an die es nicht mehr glaubte. Zu Anfang meiner Ausführungen suchte ich zu beweisen, dass der Mensch des zwanzigsten Jahrhunderts in einer Traumwelt lebte, in der der Spazierstock ein elektromagnetisches Feld oder ein Kulturprodukt oder ein Fabrikat oder ein Sexualsymbol oder ein das Dasein bezeugendes Zeug war, kurz, in der er alles war: außer einem Spazierstock. Die siebzehn des Unterseebootes haben nichts anderes getan als versucht, den Traum zu Ende zu träumen. Da zerplatzte der Traum, und die Menschheit erwachte zur Wirklichkeit, sie erkannte die Gottheit im Spazierstock wieder, um es respektlos zu sagen. Und dieses Erwachen war von einer elementaren Wucht, nur mit dem Erwachen zur Wirklichkeit im dritten Jahrhundert nach Christus vergleichbar. Alles, was neuzeitlich, also aufklärerisch, abstrakt und logisch war, wurde weggefegt vom Antlitz der Erde, und das Unterseeboot war das erste Opfer dieser Katharsis.

Die Folgen dieser Revolte des Glaubens wollen wir demnächst zu analysieren versuchen. Den vorliegenden Bericht habe ich nur dem Unterseeboot gewidmet und will ihn nicht beenden, ohne noch einmal auf die tragische Größe dieser Menschen am Grund des pazifischen Ozeans hinzuweisen. Siebzehn Männer und Frauen haben sich selbst in die Tiefe verbannt, um die Menschheit vor dem sicheren Tode zu retten. Sie waren, und das ist selbstverständlich, noch völlig in den Vorurteilen und Vorstellungen ihrer Zeit befangen und haben, ebenso selbstverständlich, sehr viel Unheil gestiftet. Wir Kinder einer späteren und – wie wir glauben – erleuchteteren Zeit haben es leicht, sie zu verurteilen oder sogar zu verspotten. Aber sie waren zugleich auch die Künder einer neuen Epoche. Sie bilden den ersten Versuch der Menschheit seit dem Mittelalter, Glauben und Wissen und Kunst zu verbinden. Dass dieser Versuch scheiterte, weil bei ihm das Wissen, die Wissenschaft herrschte und nicht der Glaube wie bei den gotischen Kathedralen, macht diese Menschen nicht kleiner, sondern größer. Mit dieser Bemerkung wollen wir diese ephemerische Weltherrschaft des Unterseebootes verlassen, diese misslungene und eben darum gelungene Kathedrale des Wissens.

Das Auto

Wir haben die Tendenz, Entwicklungen zu bewundern. Das haben wir vom neunzehnten Jahrhundert geerbt. Und dieses verdankt es seinerseits der christlichen Vorstellung von der Geschichte als einer Heilsgeschichte. So neigen wir dazu, von höher und weniger höher entwickelten Lebewesen zu sprechen. Genauer besehen ist diese Tendenz überraschend. Zum Beispiel wissen wir, dass laut dem Zweiten Hauptsatz der Thermodynamik die Natur dazu neigt, immer gleichförmiger zu werden. Dies sollte uns mit der Vorstellung der Alten befreunden, wonach wir vom Goldenen Zeitalter heruntergekommen sind und wonach die gute alte Zeit der schlechten jungen vorangeht.

Die Neigung, den Fortschritt zu bewundern, widerspricht unserer Naturerfahrung. Wir sehen, zu welchen schlecht entworfenen Situationen der natürliche Fortschritt geführt hat, und verbessern die Sache. Das ist ja das Wesen der Technik. Und das wird an einem Beispiel besonders deutlich. Wir sind darauf gekommen, dass es klüger ist, nach vorne zu rollen anstatt zu schreiten. Dass das Rad besser ist als der Fortschritt. Aber in der Natur gibt es keine Räder, nur Beine. Dieser Gedanke allein berechtigt zu der Meinung, dass die menschliche Würde darin besteht, der natürlichen Dummheit menschliche Vernunft entgegenzusetzen: den Beinen die Räder. Davon soll dieser Aufsatz sprechen.

Das Rad ist ein bemerkenswertes Fortbewegungsmittel. Schon weil es nicht ein Körperorgan simuliert, sondern eher rollende Kieselsteine oder kreisende Himmelskörper. Auch weil es keineswegs eine allgemein menschliche Erfindung ist, denn so hohe Kulturen wie die Azteken und Inkas haben es nicht genutzt. Solche Überlegungen müssen mindestens unterschwellig das Schlagwort von der »Gesellschaft auf Rädern« begleiten. Es geht um eine unorganische und nicht allgemein-menschliche Gesellschaft. Wer über Autos nachdenkt, hat sich davon Rechenschaft abzulegen.

Man versucht jedoch im Gegenteil, dies zu verdrängen. Autos werden so designt, um wie Tiere, ja sogar Menschen auszusehen. Sie haben zwei Augen, eine Nase, einen Mund voller Zähne, einen Körper, einen Schwanz; sie trinken und sie exkrementieren luftverpestende Gase. Das Einzige, was am Auto dennoch nicht vertiert werden kann, sind seine Räder. Das Auto rollt eben. Dennoch kann es existenziell belebter sein als die meisten uns umgebenden Menschen und Tiere. Die »Gesellschaft auf Rädern« ist jene, welche Lebewesen verdinglicht und Dinge wie Autos »verleiblicht«.

Und das geht so vor sich: Wir verwandeln die meisten uns umgebenden Leute in Dinge. Sie sind uns »problematisch« (dinglich). Und wir versuchen, diese Probleme zu lösen. Um dies tun zu können, versuchen wir die Leute zu verstehen. Sie zu definieren und sie zu behandeln. Dieses Verwandeln von Menschen zu verständlichen und behandelbaren Problemen, wie dies seitens der Psychologie, der Soziologie, der Ökonomie oder der Politik getan wird, nannten die alten Juden »Sünde«. Es geht nämlich um ein ontologisches Verbrechen: Anstatt die Menschen zu verstehen und zu behandeln, sie zu reifizieren, soll man sie anerkennen und sich in ihnen wiedererkennen, sie lieben.

Aber es gibt die umgekehrte Seite der Münze. Wir verwandeln viele der uns umgebenden Dinge zu Menschen. Anstatt sie zu verstehen und zu behandeln, anerkennen wir sie und erkennen uns in ihnen wieder. Wir lieben diese Dinge. Zum Beispiel das Volk, die Partei, das Unternehmen, die Armee, die Gewerkschaft. Diese »Alterifikation«, dieses Verwandeln eines Dings in einen Menschen, nannten die alten Juden Götzendienst und hielten ihn für die schwerste aller Sünden. Die *Gesellschaft auf Rädern*, jene, die Autos »alterifiziert«, sie liebt, ist eine sündhafte, Götzen anbetende, heidnische Gesellschaft.

Vor allem ist es eine dumme Gesellschaft. Die Dummheit ist bereits daraus zu ersehen, dass, wenn ich Dinge liebe, diese mich aber nicht lieben können. Es ist eine notwendigerweise unglückliche, aber deshalb noch keinesfalls eine reine Liebe. Gleichgültig, wie viel Emotion ich in ein alterifiziertes Ding investiere, wie stark ich mich an einem Volk, an einer Partei oder an einem Auto engagiere, das blöde Ding wird meine Liebe nicht erwidern. Ich kann das Auto putzen, so viel ich will, seine Metallteile zum Glänzen bringen und darunterkriechen, um es zu pflegen, es wird mir keine Dankbarkeit erweisen.

Nicht einmal jene, die ich von einem Hund berechtigt bin, zu erwarten. Patriotismus ist eine Dummheit, weil Vaterlandsliebe das Land nicht bewegen kann, seine Kinder zu lieben, und Autopflege ist eine dem Patriotismus ontologisch vergleichbare Dummheit. Je mehr ich meinen Wagen hege und pflege, desto stärker wird er mich bedrücken. Denn wenngleich ich ihn alterifiziert habe, bleibt er dennoch ein Ding und ist tückisch. Die Tücke der Materie ist die Antwort auf die Liebe zum Auto.

Dieser marxistischen Parole zum Trotz beweist der Götzendienst am Auto, dass die marxistische Analyse der Unterdrückung hier fehl am Platz ist. Nicht die Unterdrückung des Menschen durch den Menschen, sondern die Unterdrückung des Menschen durch das Ding kennzeichnet unsere Lage. Nicht der Kapitalist, der Besitzer des Dings, sondern das Ding selbst sitzt im Sattel. Und die Unmenschlichkeit der reifizierten Bedrücker wird von jener der alterifizierten Dinge übertroffen. Diese beiden Unmenschlichkeiten stehen übrigens in einem geradezu höllischen Feedback. Die unorganischen Räder überrollen uns mechanisch beim Nichtbefolgen der Ampeln, und die hinter dem unorganischen Lenkrad sitzenden reifizierten Fahrer werden zu unmenschlichen Bestandteilen dieses mechanischen Vorgangs. Keine marxistische, sondern nur eine phänomenologische Analyse kann diese einander gegenseitig bestärkenden ontologischen Verbrechen, die sich in den sogenannten Verkehrsunfällen verbergen, zu Worte kommen lassen. Die an dieser Stelle aufkommende Parallele mit den Gasöfen und den sie besitzenden SS-Leuten soll zwar nicht unterdrückt, aber nicht ausgeführt werden.

Die Gesellschaft auf Rädern ist, wie gesagt, nicht nur unmenschlich im Sinn von dinglich, mechanisch, sondern auch unmenschlich im Sinn von regional (nicht die Menschheit als Ganzes bezeichnend). Sie ist eine westliche, okzidentale Gesellschaft – und wohin das Auto auch immer rollt, schleppt es den Westen nach sich. Das Wagenrad ist eine Verneinung des überregionalen, beinahe allmenschlichen Rades. Das Überregionale ist ein sich auf der Stelle drehender Kreis. Eine ewige Wiederkehr des Gleichen, und setzt sich erst im motorisierten Westen fortschrittlich in Bewegung. Die reine Idee des Rades ist jene des perfekten, reibungslos rollenden Kreises, jene des »Samsara«, des beständigen Wanderns, ebenso jene des »kublus teis genesius« und jene, die in der Frage nach der Zahl Pi die Gemüter der alten Griechen erregte. Um sich westlicherweise in Fortbewegung zu setzen, muss das Rad diesen ewig wiederholenden Charakter verlieren und zu einem Epizykel auf einer Geraden werden. Das ist eine schwer durchzuführende Abstraktion, die zwar Ptolemäus in der Astronomie gelöst zu haben vermeinte, die aber erst Michelin mit der Erfindung des Autoreifens in die Wirklichkeit gesetzt hat. Damit ist eine neue Einsicht ins Rad, in sein Rollen und in die Reibung gewonnen worden. So gesehen wird Nietzsches Aussage erst richtig verständlich, wonach die ewige Wiederkehr des Gleichen und der Wille zur Macht dasselbe meinen und wonach dies der schwerste Gedanke ist, den wir denken können.

In vormotorisierten Zeiten waren Menschen und Tiere die Radmotoren. Man sah an ihrem Muskelspiel die aufgebotene Anstrengung, das Rad in Bewegung zu setzen, aus der ewigen Wiederkehr des Gleichen in den Willen zur Macht zu ziehen. Wie schwer der Gedanke Nietzsches ist, das ist in Szenen zu ersehen, worin in Schlamm festgefahrene Karren mit ihren sich drehenden Rädern unter Peitschenhieben von Ochsen herausgezogen und ins Rollen gebracht werden. Kommen sie dann aber ins Rollen, dann ist der Wille des Rades zur Macht gekommen, und es überrollt in seiner nun freigewordenen Trägheit Widerstände. Seit der Motorisierung ist diese Gewalttat der Umsetzung aus Wiederkehr in Willen selbst bei schweren Traktoren nicht deutlich ersichtlich. Denn das dort explodierende Benzin ist, anders als der angespannte Muskel, nicht mehr eine Anstrengung, sondern eine kontrollierte Explosion, die in jenem Takt vor sich geht, den der Entwerfer der Kolben vorgeschrieben hatte. Und das freigewordene Rad rollt nicht mehr reibungslos träge über Widerstände hinweg, sondern es reibt sich dank den von Michelin oder Goodyear vorgezeichneten Reliefs gegen die von McAdam erfundene Fläche. Der motorisierte Westen kommt über den ganzen Erdball dank jenem Willen zur Macht, dem es gelungen ist, die ewige Wiederkehr des Gleichen mittels vorgefasster, technischer Projekte zu überwinden. Nicht Marx, sondern Nietzsche ist der Prophet der Gesellschaft auf Rädern.

Die Fabrik

Der Name, den die zoologische Taxonomie unserer Art verleiht, nämlich *homo sapiens sapiens,* drückt die Meinung aus, wir seien von den uns vorangegangenen Menschenarten durch geradezu doppelte Weisheit unterschieden. Das ist angesichts dessen, was wir angestellt haben, fraglich. Hingegen ist der weniger zoologische als anthropologische Name *homo faber* weniger ideologisch. Er meint, dass wir zu jenen Arten von Anthropoiden gehören, welche irgendetwas fabrizieren. Das ist eine funktionelle Bezeichnung, denn sie gestattet, folgendes Kriterium ins Spiel zu bringen: Wenn wir irgendwo etwas Menschenähnliches finden, in dessen Nähe eine Fabrik ist, und wenn deutlich ist, dass diese Fabrik von diesem Menschenähnlichen betrieben wird, dann ist dieses Menschenähnliche *homo faber,* also eigentlicher Mensch zu nennen. Zum Beispiel gibt es Funde von Affenskeletten, und es ist deutlich, dass die in ihrer Nähe liegenden Steine seitens dieser Affen zusammengetragen wurden, dass sie fabrikgemäß montiert wurden. Solche Affen sind allen zoologischen Zweifeln zum Trotz *homines fabri,* eigentliche Menschen zu nennen. Hiermit ist »Fabrik« das charakteristische menschliche Merkmal, das, was man einst die menschliche »Würde« genannt hat. An ihren Fabriken sollt ihr sie erkennen.

Das ist auch, was die Forscher der Vorgeschichte tun und Historiker tun sollten und nicht immer einhalten: Fabriken untersuchen, um auf den Menschen zu kommen. Um herauszufinden, wie zum Beispiel die Menschen der jüngeren Steinzeit gelebt, gedacht, gefühlt, gehandelt und gelitten haben, kann man nichts Besseres tun, als Töpfereifabriken genau zu studieren. Alles, und allem voran die Wissenschaft, Politik, Kunst und Religion der damaligen Gesellschaft, ist aus der Fabrikorganisation und den Fabrikaten der Töpfereien zu erlesen. Dasselbe gilt für alle anderen Epochen. Wenn man zum Beispiel eine Schuhmacherwerkstatt des vierzehnten Jahrhunderts in Oberitalien einer genauen Untersuchung unterwirft, dann wird man die Wurzel des Humanismus der Reformation und der Renaissance gründlicher erfassen als beim Studium der Kunstwerke und der politischen, philosophischen und theologischen Texte. Denn die Werke und Texte sind größtenteils von Mönchen hergestellt worden, während die großen Revolutionen des vierzehnten und fünfzehnten Jahrhunderts in den Werkstätten und den darin herrschenden Spannungen ihren Ursprung haben. Wer also nach unserer Vergangenheit fragt, der sollte vor allem in Fabrikruinen graben. Wer nach unserer Gegenwart fragt, der sollte vor allem die gegenwärtigen Fabriken kritisieren. Und wer die Frage nach unserer Zukunft aufwirft, der stellt die Frage nach der Fabrik der Zukunft.

Betrachtet man nun demgemäß die Menschheitsgeschichte als Geschichte der Fabrikation und alles andere als zusätzliche Kommentare, dann kann man grosso modo folgende Perioden darin unterscheiden: Hände, Werkzeuge, Maschinen, Apparate. Fabrizieren heißt, etwas aus dem Gegebenen entwenden, es in Gemachtes umwenden, anwenden und verwenden. Diese Bewegungen des Wendens werden zuerst von Händen ausgeführt, dann von Werkzeugen, Maschinen und schließlich Apparaten. Da Menschenhände, ebenso wie Affenhände, Organe zum Wenden sind (da das Wenden eine genetisch ererbte Information ist), können Werkzeuge, Maschinen und Apparate als Simulationen von Händen angesehen werden, welche die Hände wie Prothesen verlängern und demnach die ererbte Information dank erworbener, kultureller erweitern. Demnach sind Fabriken Orte, wo Gegebenes in Gemachtes umgewendet wird und dabei immer weniger ererbte und immer mehr erworbene, gelernte Information ins Spiel kommt. Es sind jene Orte, in denen die Menschen immer weniger natürlich und immer künstlicher werden, und dies deshalb, weil das umgewendete Ding, das Fabrikat, auf den Menschen zurückschlägt: Ein Schuster macht nicht nur Schuhe aus Leder, sondern dadurch auch aus sich selbst einen Schuster. Dasselbe anders gesagt: Fabriken sind Orte, an denen immer neue Menschenformen hergestellt werden: zuerst der Handmensch, dann der Werkzeugmensch, dann der Maschinenmensch und schließlich der Apparatmensch. Wie gesagt: Das ist die Geschichte der Menschheit.

Wir können die erste Industrierevolution, jene von Hand zu Werkzeug, nur schwer nachvollziehen, obwohl sie durch archäologische Funde gut dokumentiert ist. Eins ist dabei gesichert: Sobald ein

Werkzeug, etwa ein Faustkeil, ins Spiel kommt, kann von einer neuen menschlichen Daseinsform gesprochen werden. Ein von Werkzeugen umgebener Mensch, also von Faustkeilen, Pfeilspitzen, Nadeln, Messern, kurz von Kultur, ist nicht mehr so in der Lebenswelt zu Hause wie ein handlangender Urmensch: Er ist aus der Lebenswelt entfernt, und die Kultur schützt ihn und ist sein Kerker.

Die zweite Industrierevolution, jene von Werkzeug zu Maschine, ist kaum mehr als zweihundert Jahre alt, und wir beginnen erst, sie einzusehen. Maschinen sind Werkzeuge, die nach wissenschaftlichen Theorien entworfen und hergestellt wurden, und sind daher tüchtiger, schneller und teurer geworden. Dadurch wird das Verhältnis Mensch – Werkzeug umgestülpt, und das Dasein des Menschen wird anders. Beim Werkzeug ist der Mensch die Konstante und das Werkzeug die Variable: Der Schneider sitzt in der Mitte der Werkstatt, und wenn eine Nadel zerbricht, ersetzt er sie durch eine andere. Bei der Maschine ist sie die Konstante und der Mensch die Variable: Die Maschine steht in der Mitte der Werkstatt, und wenn ein Mensch alt oder krank wird, ersetzt ihn der Maschinenbesitzer durch einen anderen. Es sieht so aus, als ob der Maschinenbesitzer, der Fabrikant, die Konstante sei und die Maschine seine Variable, aber näher betrachtet, ist auch der Fabrikant eine Variable der Maschine oder des Maschinenparks als Ganzem. Die zweite Industrierevolution hat den Menschen aus seiner Kultur verdrängt wie die erste aus der Natur, und daher ist die Maschinenfabrik als eine Art von Irrenanstalt zu betrachten.

Die dritte Industrierevolution, jene aus Maschine in Apparat, steht hier zur Frage. Sie ist noch im Gang, ihr Ausgang ist nicht abzusehen, und deshalb fragen wir: Wie wird wohl die Fabrik der Zukunft (und daher unserer Enkel) aussehen? Selbst die Frage, was das Wort »Apparat« eigentlich meint, stößt noch auf Schwierigkeiten; hier eine mögliche Antwort: Maschinen sind Werkzeuge, die nach wissenschaftlichen Theorien gebaut wurden, als die Wissenschaft vor allem Physik und Chemie war, und Apparate können daneben auch neurophysiologische und biologische Theorien und Hypothesen in Anwendung bringen. Anders gesagt: Werkzeuge sind empirische, Maschinen sind mechanische und Apparate neurophysiologische Hand- und Körpersimulationen. Es geht um immer besser täuschende Simulationen der genetischen, ererbten Information in Sachen »wenden«. Denn Apparate sind die wendigsten aller bisher ausgearbeiteten

Wendemethoden. Mit Sicherheit wird die Fabrik der Zukunft viel geschmeidiger sein als jene der Gegenwart, und sie wird mit Sicherheit das Verhältnis Mensch – Werkzeug auf eine völlig neue Weise umformulieren. Es ist daher damit zu rechnen, dass die wahnsinnige Entfremdung des Menschen aus der Natur und Kultur, so wie sie in der Maschinenrevolution ihren Höhepunkt erreicht, wird überwunden werden können. Die Fabrik der Zukunft wird keine Irrenanstalt mehr sein, sondern eher ein Ort, worin sich die schöpferischen Möglichkeiten des *homo faber* verwirklichen werden.

Zur Frage steht vor allem das Verhältnis Mensch – Werkzeug. Es geht um eine topologische, also – wenn man so will – architektonische Frage. Solange ohne Werkzeug fabriziert wird, also solange *homo faber* unmittelbar mit der Hand in die Natur eingreift, um Dinge daraus zu entwenden und umzuwenden, solange ist die Fabrik nicht lokalisierbar, sie hat kein »topos«. Der sogenannte »Eolithen« montierende Urmensch fabriziert überall und nirgends. Sobald Werkzeuge ins Spiel kommen, können und müssen spezifische Fabrikbezirke aus der Welt ausgeschnitten werden. Zum Beispiel Orte, an denen Silex aus Bergen gebrochen wird, und andere, an denen Silex umgewendet wird, um angewendet und verwendet zu werden. Diese Fabrikbezirke sind Zirkel, in deren Mitte der Mensch steht und in exzentrischen Kreisen die Werkzeuge liegen, die dann ihrerseits von der Natur umkreist sind. Diese Fabrikarchitektur gilt während praktisch der ganzen Menschheitsgeschichte. Sobald Maschinen erfunden sind, muss sich diese Architektur folgendermaßen ändern:

Da nun die Maschine in der Mitte zu stehen hat, weil sie im Fabrikationsprozess dauerhafter und wertvoller als der Mensch ist, muss die menschliche der Maschinenarchitektur untergeordnet werden. Es entstehen zuerst im Westen Europas und im Osten Nordamerikas und dann überall gewaltige Maschinenkonzentrationen, welche Bündel in einem Verkehrsnetz bilden. Die Fäden des Netzes sind zwar ambivalent, können aber in zentripetale und zentrifugale geordnet werden. Den zentripetalen entlang werden Dinge der Natur und Menschen in die Maschinen gesogen, um dort gewendet und verwendet zu werden. Den zentrifugalen entlang fließen die umgewendeten Dinge und Menschen aus den Maschinen. Die Maschinen sind im Netz miteinander zu Maschinenkomplexen und diese wieder miteinander zu Industrieparks verbunden, und die menschlichen

Siedlungen bilden im Netz jene Orte, von denen aus die Menschen in die Fabriken gesogen werden, um dann von dort periodisch ausgesogen, wieder zurückgespieen zu werden. In diesen Maschinensog ist die ganze Natur konzentrisch mit einbezogen. Das ist die Struktur der Fabrikarchitektur des neunzehnten und zwanzigsten Jahrhunderts.

Diese Struktur wird sich mit den Apparaten grundsätzlich ändern. Nicht nur, weil Apparate wendiger und daher grundsätzlich kleiner und billiger sind als Maschinen, sondern weil sie im Verhältnis zum Menschen nicht mehr konstant sind. Es wird immer deutlicher, dass das Mensch-Apparat-Verhältnis reversibel ist und dass beide nur miteinander funktionieren können: zwar der Mensch in Funktion des Apparates, aber ebenso der Apparat in Funktion des Menschen. Dass der Apparat nur tut, was der Mensch will, aber der Mensch nur wollen kann, was der Apparat tun kann. Eine neue Methode des Fabrizierens – nämlich das Funktionieren – ist im Entstehen begriffen: Der Mensch ist Funktionär von Apparaten, die in seiner Funktion funktionieren. Dieser neue Mensch, der Funktionär, ist mit Tausenden, teils unsichtbaren Fäden mit Apparaten verbunden: Wo immer er geht, steht oder liegt, trägt er die Apparate mit (oder wird von ihnen mitgetragen), und was immer er tut oder erleidet, kann als eine Apparatfunktion gedeutet werden.

Auf den ersten Blick sieht es so aus, als seien wir daran, in die Vorwerkzeugphase des Fabrizierens zurückzukehren. Genau wie der Urmensch, der unmittelbar dank seiner Hand in die Natur eingriff und daher immer und überall fabrizierte, sind die künftigen, mit kleinen, winzigen oder gar unsichtbaren Apparaten versehenen Funktionäre immer und überall fabrikatorisch. Also werden nicht nur die riesigen Industriekomplexe des Maschinenzeitalters wie Dinosaurier aussterben und bestenfalls in historischen Museen ausgestellt werden, sondern auch die Werkstätten werden überflüssig werden. Jeder wird mit jedem überall und immer dank Apparaten durch reversible Kabel verbunden sein und mittels dieser Kabel sowie mittels Apparaten alles Entwendbare umwenden und verwenden.

So eine telematische, nachindustrielle, posthistorische Sicht auf die Zukunft des *homo faber* hat aber einen Haken. Es ist nämlich so, dass, je komplexer die Werkzeuge werden, desto abstrakter ihre Funktionen. Der handlangende Urmensch konnte mit den konkreten ererbten Informationen, in Sachen Verwendung von Entwendetem, auszukommen versuchen. Der Fabrikant von Faustkeilen, Töpfen und

Schuhen musste, um Werkzeuge zu verwenden, diese Information empirisch erwerben. Maschinen erforderten nicht nur empirische, sondern auch theoretische Informationserwerbung, und das erklärt die allgemeine Schulpflicht: Volksschulen zum Lernen der Maschinenbedienung, Mittelschulen zum Erlernen der Maschinenpflege und Hochschulen zum Erlernen des Bauens von neuen Maschinen. Apparate erfordern einen noch weit abstrakteren Lernprozess und das Ausarbeiten bisher nicht allgemein zugänglicher Disziplinen. Die telematische Vernetzung von Menschen mit Apparaten und daher das Verschwinden der Fabrik (besser gesagt: das Immaterialisieren der Fabrik) setzt voraus, dass alle Menschen kompetent dafür werden. Und diese Voraussetzung ist nicht gegeben.

Das lässt erahnen, wie die Fabriken der Zukunft aussehen werden: nämlich wie Schulen. Es werden Orte zu sein haben, an denen die Menschen erlernen werden, wie Apparate funktionieren, damit diese Apparate dann das Umwenden der Natur in Kultur anstelle der Menschen durchführen können. Und zwar werden die Menschen der Zukunft in den Fabriken der Zukunft dies mit Apparaten an Apparaten und von Apparaten lernen. Wir haben daher bei der Fabrik der Zukunft eher an wissenschaftliche Laboratorien, Kunstakademien und an Bibliotheken und Diskotheken zu denken als an die gegenwärtigen Fabriken. Und den Apparatmenschen der Zukunft haben wir uns eher als einen Akademiker denn als einen Handwerker, Arbeiter oder Ingenieur vorzustellen.

Aber dies wirft ein konzeptuelles Problem auf, das den Kern dieser Überlegungen ausmacht: Nach klassischer Vorstellung ist die Fabrik das Gegenteil der Schule: »Schule« ist Ort der Beschaulichkeit, der Muße (»otium«, »scholé«), und »Fabrik« ist Ort des Verlustes der Beschaulichkeit (»negotium«, »ascholia«); »Schule« ist nobel, und »Fabrik« ist verächtlich. Noch die romantischen Söhnchen der Gründer von Industrien teilten diese klassische Meinung. Jetzt beginnt sich der grundlegende Irrtum der Platoniker und Romantiker herauszustellen. Solange nämlich Schule und Fabrik getrennt sind und einander gegenseitig verachten, solange herrscht der industrielle Irrsinn. Sobald aber Apparate die Maschinen verdrängen, wird ersichtlich, dass die Fabrik nichts anderes ist als angewendete Schule, und Schule nichts anderes als Fabrikation von erworbenen Informationen. Und in diesem Augenblick erst gewinnt der Begriff *homo faber* seine volle Würde.

Das erlaubt, die Frage nach der Fabrik der Zukunft topologisch und architektonisch zu formulieren. Die Fabrik der Zukunft wird jener Ort zu sein haben, an welchem Menschen gemeinsam mit Apparaten lernen werden, was wozu und wie zu verwenden ist. Und die künftigen Fabrikarchitekten werden Schulen zu entwerfen haben. Um dies klassisch zu sagen: Akademien, Tempel der Weisheitslehre. Wie diese Tempel aussehen werden, ob materiell im Boden, ob halbmateriell schwebend, ob größtenteils immateriell, das ist dabei Nebensache. Entscheidend ist, dass die Fabrik der Zukunft jener Ort sein muss, an welchem *homo faber* zu *homo sapiens sapiens* werden wird, weil er erkannt haben wird, dass Fabrizieren dasselbe meint wie Lernen, nämlich Informationen erwerben, herstellen und weitergeben.

Das klingt mindestens ebenso utopisch wie die vernetzte telematische Gesellschaft mit automatischen Apparaten. Aber in Wirklichkeit ist es nichts als ein Projizieren bereits beobachtbarer Tendenzen. Überall sind derartige Fabrikschulen und Schulfabriken bereits im Entstehen.

Zur Zukunft der Werkstatt

Die Struktur der Werkstatt der Vergangenheit, nämlich jener vor der Revolution der Handwerker in der sogenannten Vor-Renaissance, ist besonders in einigen norditalienischen Städten noch gut ersichtlich. Damals lagen die Werkstätten an nach der Art der zu erzeugenden Werke geordneten Straßen (also an der Schustergasse, der Schneidergasse, Schlossergasse, Zeltnergasse). Diese Straßen mündeten im Domplatz. Jede Werkstatt befand sich im Erdgeschoss eines dreistöckigen Hauses. Dort saß der von Werkzeugen umringte Meister mit einem oder mehreren Gesellen. Nachts schliefen die Gesellen und die hin- und herlaufenden Lehrlinge in der Werkstatt. Der Meister schlief mit seiner Frau und seinen Kindern im ersten Stock, wo auch die Küche lag, in welcher die Meisterin die Nahrung für alle Hausbewohner kochte. Im zweiten Stock lebten die Eltern des Meisters im sogenannten Ausgedinge.

Diese (hier stark schematisierte) Struktur ist sehr genauen Untersuchungen unterworfen worden, denn sie kann als das Modell der bürgerlichen Familie, des bürgerlichen Staats und der bürgerlichen Kultur überhaupt gelten. Zum Beispiel kann sie charakteristischerweise als das Modell der bürgerlichen Universität mit den Lehrlingen als Studiosi, den Gesellen als Baccalaurei, den Meistern als Magistrati und den Altmeistern als Doctores angesehen werden. Dies ist charakteristisch, denn die mittelalterliche Werkstatt muss unter anderem als Schule betrachtet werden. Hier jedoch soll versucht werden, die sich auf dieser Struktur entfaltende Dynamik, also das Funktionieren der Werkstatt, zu rekonstruieren.

Ein Werk ist das Resultat einer Arbeit, und Arbeit ist das Aufdrücken einer Form in einen Stoff, also das Informieren eines Stoffes. Zum Beispiel ist ein Schuh das Resultat einer Arbeit, bei welcher eine Schuhform einem Leder aufgedrückt wird. Das wirft zahlreiche Probleme auf, und sie sind im Mittelalter nicht wie gegenwärtig vom Standpunkt der Informatik, also des Designs, sondern theologisch aufgegriffen worden. Die im Werk verstofflichten Formen wurden als leere Gehäuse, als sogenannte Ideen verstanden, und diese Ideen waren unveränderlich (raum- und zeitlos). Sie waren nach der Ordnung der Logik in einem himmlischen Lager gestapelt (zum Beispiel die Idee des Schuhs neben jener der Hose, und beide unter der Idee des Kleidungsstückes). Ein ganz spezifischer Blick, der theoretische, konnte die Ideen erschauen, und zwar sowohl die reinen Ideen im Himmel als auch die angewandten Ideen durch den Stoff hindurch, also hinter dem Schuh die Idee der gesamten Schuhheit.

Dieser theoretische Blick war den Doktoren der Kirche, vor allem dem Bischof, vorbehalten. Er war der autorisierte Kritiker aller Werke, und darum mündeten Straßen des Handwerks im Domplatz: damit die Werke dort ausgestellt werden, um bischöflich kritisiert zu werden, ihren gerechten Wert (praecium iustum) zu finden (im Grunde genommen ist die Handwerkerrevolution das Absetzen des Bischofs als Kritiker und die Einführung des sogenannten freien Marktes).

Die aufzudrückenden Formen werden also von der Theorie her, aus diesem eigenartigen Blick durch die Stoffe hindurch, geliefert. Daraus folgt, dass kein Werk »ideal« sein kann, weil der Stoff die ihm aufgedrückte Form verzeichnet. Die Kunst des Handwerks (die Kunst überhaupt) ist der Versuch, den Stoff in die Idee zu zwingen und dabei die Idee so wenig wie möglich zu verzerren. Der Grad, in welchem dies erreicht wird, ist der Wert des Werkes. Ein Meisterwerk ist jenes, bei welchem die Verzerrung der Idee minimal ist. Dies kann der Bischof als einzige autorisierte Kritik beurteilen und somit dem Hersteller des Meisterwerks den Titel und die Befugnisse eines Meisters verleihen. Daher ist »Meister« eine kirchlich, sakral verliehene Würde, und das ist die Wurzel aller bürgerlichen, das heißt handwerklichen Standesehre. Die Autorität des Meisters in der Werkstatt ist ihm kirchlich, und das heißt von Gottes Gnaden, verliehen worden: Er ist in der Werkstatt König.

Die Lehrlinge lernen dank Beobachtung und dank Theorie, die unveränderlichen Formen auf den Stoff zu drücken, und die Gesellen, die dies schon gelernt haben, reisen von Meister zu Meister, um zu deren Füßen verschiedene Methoden der Kunst zu vergleichen. Diese mittelalterliche, auf ewigen, unveränderlichen Ideen fußende Paideia kann nur gestreift werden. Hier sei dabei auf die hohe Spezialisierung, auf die Ablehnung jeder Originalität als Ideenverzerrung und auf die Abwesenheit einer jeden Cross Education hingewiesen. Auch die Funktion der Meisterin, also die ökonomische Infrastruktur des Handwerks, muss hier ausgeklammert werden. Hingegen sind einige den Altmeister betreffende Bemerkungen unvermeidlich.

Er hat sich bei Übergabe der Werkstatt an den neuen Meister (nicht notwendigerweise seinen Sohn) eine relative ökonomische Unabhängigkeit für sich und seine Frau ausbedungen. Er ist somit aus der Arbeit in die Kontemplation zurückgetreten. Eigentlich sollte man annehmen, dass seine Sicht jene des Bischofs ist: Er kann nunmehr durch die Werke hindurch die Formen erschauen. Er sollte also eigentlich dem Bischof die Autorität streitig machen. Tatsächlich ist jedoch sein kontemplativer Blick nicht theoretisch, sondern von der vorangegangenen Praxis beeinflusst. Er sieht die Formen anders als der Bischof: nicht als rein im Himmel gelagert, sondern als durch die Hände und die Werkzeuge des Meisters geformte Hülsen. Für ihn sind die Formen nicht unveränderliche Ideen, sondern plastische Modelle. Und er glaubt nicht, dass sie theoretisch entdeckt werden *(aletheia)* oder sich selbst offenbaren, sondern dass sie in der Praxis erfunden werden, dass sie *Figuren* sind, Fiktionen. Er glaubt nicht an die Wirklichkeit der Ideen (Realismus), sondern eher, dass sie leere Figuren sind (Nominalismus). Damit ist der Altmeister allerdings an der Grenze der Häresie, aber auch an der Quelle der Neuzeit. Die Revolution der Handwerker gegen die Autorität (zuerst des Bischofs, dann die Aristoteles', und schließlich die aller Autoren überhaupt) ist daher aller Wahrscheinlichkeit nach von den Altmeistern ausgegangen. Also nicht aus der handwerklichen Praxis selbst, sondern aus der (wie man wohl schon zu sagen hat) wissenschaftlichen Distanz von der Praxis.

Hier besteht nicht die Absicht, diesen Einbruch der Wissenschaft in die Werkstatt, also letzten Endes die industrielle Revolution, zu besprechen. Diese Revolution wird als nunmehr beendet angesehen, und es wird angenommen, dass wir uns in einer nachindustriellen Situation befinden. Und es wird unterbreitet werden, dass die nachindustrielle Werkstatt der Zukunft vielleicht dort anknüpfen kann, wo die mittelalterliche unterbrochen wurde. Und dies aus den folgenden beiden Gründen: Erstens beginnen wir, was die Formen betrifft, wieder einen eher »realistischen«, diesmal besser »formalistisch« zu nennenden Standpunkt zu haben. Und zweitens beginnt sich das Verhältnis zwischen dem Menschen und dem Werkzeug so zu verändern, dass es dem mittelalterlichen mehr als dem industriellen ähnelt. Hier wird zuerst von diesem zweiten Punkt ausgegangen werden.

Im Mittelalter war der Handwerker von Werkzeugen umringt, und er selbst war die Konstante des Verhältnisses und die Werkzeuge die Variablen. Der Handwerker griff nach einem Werkzeug nach dem anderen im Verlauf seiner Arbeit, und er ersetzte ein verbrauchtes Werkzeug durch ein neues. In der Moderne war die Maschine von Arbeitern umringt, und sie selbst war die Konstante des Verhältnisses und die Arbeiter die Variablen. Die Handwerker griffen nacheinander in das Fließband; wenn einer krank oder alt wurde, wurde ein neuer aus dem Arbeitsmarkt herangerufen. Allerdings stand am Horizont der Werkstatt der Fabrikbesitzer, in dessen Funktion die Maschinen zu laufen schienen. Eine Existenzanalyse zeigt jedoch, dass auch der Besitzer, genau wie der Arbeiter, in Funktion der Maschinen lebte.

Im postindustriellen Zeitalter kommt es zu zwei konvergierenden Umschaltungen im »Mensch-Werkzeug-Verhältnis«. Auf der einen Seite werden Maschinen immer automatischer, und auf der anderen werden sie von Apparaten gelenkt, die unter menschlicher Kontrolle stehen. Um diese Umschaltung einzusehen, sei der Arbeitsprozess noch einmal schnell beobachtet.

Es geht um ein Aufdrücken von Formen in Stoffe, um ein Informieren von Stoffen. Werkzeuge sind Prothesen, die die Effizienz von Körperorganen beim Aufdrücken von Formen verbessern. In jüngster Zeit ist der Arbeitsprozess in zwei Phasen aufgeteilt worden: In der ersten wird die aufzudrückende Form gestaltet, und in der zweiten drückt sie auf Stoffe. Die zweite Phase ist mechanisch, sie kann völlig automatisiert werden, und weitere menschliche Eingriffe darin sind überflüssig und störend. Die erste Phase kann dank des Ineinandergreifens von Menschen und Apparaten (zum Beispiel Computern, Plottern und Prozessoren) zu einer vorher unvorstellbaren Kreativität führen. Demnach gibt es in der zweiten Phase das Problem des Verhältnisses zwischen Mensch und Werkzeug nicht mehr, und die erste Phase erinnert in dieser Hinsicht an die mittelalterliche Werkstatt: der Mensch als relative Konstante, der Apparat als relative Variable.

Hier kommt der erste oben erwähnte Punkt, nämlich die nachindustrielle Umstellung zur Frage der Formen, zu Worte. Im

Mittelalter sah dies etwa so aus: Hinter der stofflichen Welt der Erscheinungen verbargen sich unveränderliche, theoretisch ersichtliche Formen, und »arbeiten« hieß, diese theoretisch erblickten Formen in die Erscheinung zu drücken (also die Formen auch für den sinnlichen Blick ersichtlich zu machen). In der Neuzeit sah dies eher so aus: Der Mensch hat die eigenartige Fähigkeit, der stofflichen Welt seine eigenen Formen (Ideen) aufzudrücken und sie sich dadurch dienstbar zu machen, und »arbeiten« heißt, die menschlichen Ideen zu materialisieren (die Natur zu humanisieren). Daher ist der mittelalterliche Handwerker eher ein Entdecker, der neuzeitliche ein Erfinder.

Gegenwärtig sieht die Sache eher so aus: Der theoretische Blick ersieht hinter den Erscheinungen mathematische Formen (zum Beispiel hinter den scheinbar chaotischen Bewegungen der schweren Körper die Formel des freien Falles). Es besteht jedoch der Verdacht, dass diese Formen hinter die Erscheinungen durch uns selbst hinausprojiziert wurden (dass etwa die Naturgesetze die Methode sind, dank welcher wir uns in den Erscheinungen orientieren). Nun ist es so, dass wir nicht beliebige Formen hinausprojizieren können, sondern den Erscheinungen dabei irgendwie Rechnung tragen müssen. Das ist eine mehr der mittelalterlichen als der neuzeitlichen ähnelnde Ansicht. Und das erklärt, wie die erste Phase des Arbeitsprozesses, jene der Zusammenarbeit zwischen Mensch und Apparat, vor sich geht.

Es werden dabei probeweise Formen als Algorithmen vorgeschlagen, dank Apparaten als synthetische Bilder auf Schirmen projiziert und variiert, und dann wird nach Stoffen gesucht, die derart informiert werden können. Die weitere Arbeit verläuft automatisch. Diese formale Arbeitsphase ist sowohl erkenntnistheoretisch als auch ontologisch sehr problematisch. Sind die projizierten Formen reine Erfindungen (ludische Figuren) – oder sind sie der Erkenntnis der Erscheinungen abgewonnen? Sind etwa die Fraktale reine Kalkulationen oder den sogenannten chaotischen Phänomenen abgesehen? Und sind die so entstandenen Werke (die derart informierten Stoffe) alternative Realitäten oder Simulationen? Ist etwa ein dank genetischer Manipulation entstandenes Lebewesen eine alternative Lebensform oder eine Simulation von vorhandenen Lebewesen? Solche Fragen stehen vorläufig offen, und dies ist für die Werkstatt der Zukunft kennzeichnend: Sie wird nicht, wie die mittelalterliche, auf einem transzendenten Glauben – und auch nicht wie die neuzeitliche auf einem wissenschaftlich unterbauten Humanismus – beruhen, sondern auf einem Zweifel.

Dennoch wird die zukünftige Werkstatt eher einer mittelalterlichen als einem Industrieunternehmen ähneln. Menschen werden sich dort um Formen bemühen, und die Formen werden mathematisch, das heißt in gewissem Sinn raum- und zeitlos aufgefasst werden. Das heißt: Wie im Mittelalter wird auch in der Zukunft die Werkstatt ein Modell für die Gesellschaft und für die gesamte Kultur sein müssen. Mit jenem gewaltigen Unterschied allerdings, dass die Werkstatt der Zukunft mit allen anderen auf der Welt vernetzt und daher zugleich spezialisiert und überlagernd sein wird.

Diese Prognose steht und fällt mit der Frage nach der Kompetenz des künftigen Handwerks. Das Projizieren von Formen ist an die Kenntnis von Codes und Methoden gebunden. Daher wird die pädagogische Seite der Zukunftswerkstatt noch deutlicher in den Vordergrund treten müssen als im Mittelalter. Die Zukunftswerkstatt wird eine Schule sein.

Nackte Wände

Wir sprechen von nackten Wänden, so wie wir von dem nackten Körper sprechen, als einem Etwas, das bedeckt werden sollte. Es gehört Mut dazu, es zu zeigen, wie es ist: nackt. Wir sind unausweichlich Teil der christlichen Tradition. Und in dieser Tradition bedeutet Nacktheit Natur. Natur ist da, um vom Menschen, diesem »Gottähnlichen Geist«, verändert zu werden. Natur ist das Gegebene und muss in das vom Menschen Gemachte verwandelt werden – in Kultur. Mit anderen Worten: Nacktheit ist entropisch und muss durch die negentropische Aktivität des menschlichen Geistes bedeckt werden. Wände stehen da, nackt, dem menschlichen Gestaltungswillen zum Trotz. Gegen die Wände versichert der Mensch sich seiner als ein Wesen, das sich dem formlosen Blödsinn, den die Welt präsentiert, widersetzt.

Ja, aber sind Wände wirklich gegeben? Natürlich nicht. Sie werden vom Menschen gebaut, und das wissen wir nicht nur »historisch« (wir wissen, wer sie baute, wie und warum er sie baute), sondern auch »strukturell« (wir wissen, dass sie eine un-natürliche Struktur haben).

Dies wirft jedoch ein historisches und zugleich ein existenzielles Problem auf. Das historische Problem lautet so: Für den Höhlenbewohner waren die Höhlenwände gegeben, und in Opposition zu ihnen fertigte er Wandbilder und artikulierte seinen Willen gegen die Natur (eine Artikulation der »Schönheit«). Unsere Wände sind späte und dekadente Formen der Höhlenwände. Das existenzielle Problem sieht so aus: Obwohl unsere Wände von Menschen gemacht wurden (von Maurern, Architekten und denjenigen, die ihre Ideologie den Maurern und Architekten überstülpen), sind sie doch jenen, die zwischen ihnen wohnen, gegeben. Es ist ein Irrtum, wenn man sagt, Kultur wird vom Menschen gemacht und ist deshalb das Reich der menschlichen Freiheit. Für alle, die in einer Kultur leben, ist sie als Bedingung gegeben so wie die Natur. Deshalb sind Wände gegeben. Sie sind selbst jenen gegeben, die sie bauen.

Trotzdem müssen wir eine seltsame, ontologische Ambivalenz der Wände zulassen: Von innen gesehen sind sie gegeben, von außen gesehen sind sie vom Menschen gemacht. (Das ist ein Unterschied zwischen den Höhlenbewohnern und uns: Der Höhlenbewohner konnte seine Wände von außen nicht sehen, er hatte keine »philosophische Distanz«.) Wir können aus unseren vier Wänden heraustreten und nicht nur die Welt dort draußen sehen, sondern auch unsere eigenen vier Wände. Wir sind reflektierende und spekulierende Wesen. Daher können wir etwas tun, was der Höhlenbewohner nicht konnte: eine Philosophie der Kultur entwickeln. Und Kultur erscheint uns in Form der ständig wachsenden Sammlung von Dingen, die wir gegen die vier Wände unserer Wohnung stellen, um ihre Nacktheit zu bedecken und die Tatsache zu verbergen, dass sie gegeben sind. Manchmal bedecken diese Dinge, die Kultur ausmachen, mehr als nur die Nacktheit der Wände. Sie verdecken Risse in den Wänden und verbergen die Gefahr, dass das Gebäude einstürzen und uns unter seinen Trümmern begraben könnte.

Diese Vision von Kultur wird noch einleuchtender, wenn wir uns vorstellen, dass eine der vier Wände eingerissen und in ein glasloses Fenster verwandelt wird. Die drei verbleibenden Wände werden dann zu einer Bühne, auf der die Tragikkomödie der Kultur weiterspielt – eine wahrhaft historische Vision von Kultur: der Mensch als Schauspieler auf einer Bühne. Das wahrhaft Historische dieser Vision ist ihr repräsentativer (symbolischer) Charakter und die Tatsache, dass es sich um einen zeitlich begrenzten Prozess handelt. Kultur erscheint so als »Fiktion« (im Sinne von *fingere*, formen, gestalten). Die drei verbleibenden Wände bergen das Pathos, mit dem der Mensch der Natur seinen Willen aufzuzwingen sucht, und sie bergen auch aufgrund universeller Trägheit die Möglichkeiten seiner letzten Niederlage – denn auch die verbleibenden drei Wände werden am »Ende« zusammenfallen.

Trotzdem, und obwohl wir all dies wissen, wird der Mensch fortfahren, den Platz zwischen den Wänden mit Dingen zu füllen, die von seiner Gestaltungskraft zeugen. Er wird es tun, einfach weil die Wände da sind und nicht nackt bleiben dürfen. Und wenn es Augenblicke in der Geschichte gibt, die Nacktheit zeigen wollen (Zeiten eines verdrehten Puritanismus, der auf der Schönheit der Nacktheit und auf der funktionalen Bestimmung der Wände beruht), dann sind diese Augenblicke der dialektische Teil jenes Prozesses, in dem der Mensch seine Wände bedeckt. Dieser Prozess zielt nicht auf die Beseitigung der Wände (das ist unmöglich), aber da Zwischen-Wänden-Leben Teil der menschlichen Bedingung ist, sucht er das Beste daraus zu machen. Jedes kulturelle Engagement wird so zu einem »heroischen Engagement« im wahren Sinne des Wortes, und Kunst wird zu einer Tragödie und Agonie im Sinne des griechischen Theaters.

Kurzum, von einem ästhetischen Standpunkt aus betrachtet sind Wände die Grenzen einer Bühne, auf der die Tragödie des menschlichen Strebens nach Schönheit spielt.

Durchlöchert wie ein Emmentaler

Häuser bestehen aus einem Dach, aus Mauern mit Fenstern und Türen und aus nicht ganz ebenso wichtigen anderen Teilen. Das Dach ist das Entscheidende: »unbehaust« und »obdachlos« sind Synonyme. Dächer sind Werkzeuge für Untertanen: Man kann sich unter ihnen vor dem Herrn (sei er ein Gott oder die Natur) ducken und verstecken. Das deutsche »Dach« kommt aus dem gleichen Wortstamm wie das griechische »techne«: Dachdecker sind demnach Künstler. Sie ziehen die Grenze zwischen dem Hoheitsbereich der Gesetze und dem Privatraum des untertänigen Subjektes. Unter Dach gelten die Gesetze nur mit Reserven. Schon Baumkronen dienten den Hominiden als Dach ihrer Nester. Wir glauben nicht, dass wir selbst die Gesetze projizieren. Wir brauchen keine Dächer.

Mauern sind Verteidigungsanlagen gegen außen, nicht gegen oben. Das Wort kommt von *munire:* sich schützen. Es sind Munitionen. Sie haben zwei Wände: Die Außenwand wendet sich gegen gefährliche (draußen fahrende) Ausländer, potenzielle Immigranten, die Innenwand wendet sich an die Häftlinge des Hauses, um für ihre Sicherheit zu haften. Bei obdachlosen Mauern (etwa in

Berlin oder China) wird diese Funktion deutlich: Die Außenwand ist politisch, die Innenwand heimlich, und die Mauer hat das Geheimnis vor dem Unheimlichen zu schützen. Wem Heimlichtuerei zuwider ist, der musste Mauern niederreißen.

Aber selbst Geheimniskrämer und Patrioten müssen Löcher in Mauern reißen. Fenster und Türen. Um schauen und ausgehen zu können. Bevor das Wort *Schau* zum Synonym von »Show« wurde (das ja eigentlich »zeigen« bedeutet), meinte es jenen inneren Blick nach außen, wofür das Fenster das Instrument ist. Man sah von innen, ohne dabei nass zu werden. Die Griechen nannten das *theoria:* gefahrloses und erfahrungsloses Erkennen. Jetzt allerdings wird es möglich, Instrumente aus dem Fenster nach außen zu stecken, um auf gefahrlose Art und Weise Erfahrung zu gewinnen. Die erkenntnistheoretische Frage lautet: Sind Experimente impertinent, weil sie vom Fenster aus (von der Theorie her) durchgeführt werden? Oder muss man durch die Tür, um zu erfahren?

Türen sind Mauerlöcher zum Ein- und Ausgehen. Man geht aus, um die Welt zu erfahren, und verliert sich dort drinnen, und man kehrt heim, um sich wiederzufinden, und verliert dabei die Welt, die man erobern wollte. Dieses Türpendeln nennt Hegel das »unglückliche Bewusstsein«. Außerdem kann geschehen, dass man bei der Heimkehr die Tür geschlossen findet. Zwar hat man einen Schlüsselbund in der Tasche (man kann den Geheimcode entschlüsseln), aber der Geheimcode kann sich in der Zwischenzeit umcodiert haben. Heimtücke ist für Heim und Heimat charakteristisch. Dann bleibt man obdachlos im Regen unter der Traufe. Türen sind weder glückliche noch verlässliche Instrumente.

Außerdem ist gegen Fenster und Türen noch das Folgende einzuwenden: Man kann von außen in die Fenster hineinschauen und -klettern, und die Öffentlichkeit kann durch die Tür ins Privathaus einbrechen. Man kann allerdings die Fenster dank Gardinen vor Spionen und Dieben und die Tür dank Fallbrücken vor der Polizei schützen, aber dann lebt man unter vier Wänden in der Angst und Enge. Derartige Architekturen haben keine blühende Zukunft.

Dach, Mauer, Fenster und Tür sind in der Gegenwart nicht mehr operationell, und das erklärt, warum wir beginnen, uns unbehaust zu fühlen. Da wir nicht mehr gut zu Zelten und Höhlen zurückkehren können (wenn einige dies auch versuchen), müssen wir wohl oder übel neuartige Häuser entwerfen.

Tatsächlich haben wir damit bereits begonnen. Das heile Haus mit Dach, Mauer, Fenster und Tür gibt es nur noch in Märchenbüchern. Materielle und immaterielle Kabel haben es wie einen Emmentaler durchlöchert: auf dem Dach die Antenne, durch die Mauer der Telefondraht, statt Fenster das Fernsehen und statt Tür die Garage mit dem Auto. Das heile Haus wurde zur Ruine, durch deren Risse der Wind der Kommunikation bläst. Das ist ein schäbiges Flickwerk. Eine neue Architektur, ein neues Design ist vonnöten.

Designer und Architekten haben nicht mehr geographisch, sondern topologisch zu denken. Das Haus nicht mehr als künstliche Höhle, sondern als Krümmung des Feldes der zwischenmenschlichen Relationen. So ein Umdenken ist nicht einfach. Schon das geographische Umdenken aus ebener Fläche in Kugeloberfläche war eine Leistung. Aber das topologische Denken wird dank synthetischer Bilder von Gleichungen erleichtert. Dort sieht man etwa die Erde nicht mehr als geographischen Ort im Sonnensystem, sondern als Krümmung im Gravitationsfeld der Sonne. So hat das neue Haus auszusehen: wie eine Krümmung im zwischenmenschlichen Feld, wohin Beziehungen »angezogen« werden. So ein attraktives Haus hätte diese Beziehungen einzusammeln, sie zu Informationen zu prozessieren, diese zu lagern und weiterzugeben. Ein schöpferisches Haus als Knoten des zwischenmenschlichen Netzes.

Ein solcher Hausbau aus Verkabelungen ist voller Gefahren. Die Kabel können nämlich statt zu Netzen zu Bündeln geschaltet werden, »faschistisch« statt »dialogisch«. Wie Fernsehen, nicht wie Telefone. In so einem entsetzlichen Fall wären die Häuser Stützen für einen unvorstellbaren Totalitarismus. Die Architekten und Designer haben für eine Vernetzung von reversiblen Kabeln zu sorgen. Das ist eine technische Aufgabe, und die Gestalter sind ihr gewachsen.

Allerdings wäre so ein Häuserbau eine technische Revolution, die weit über die Kompetenz der Architektur und des Designs reichen würde. (Das ist übrigens der Fall bei allen technischen Revolutionen.) Eine derart dach- und mauerlose Architektur, die weltweit offenstünde (also nur aus reversiblen Fenstern und Türen bestünde), würde das Dasein verändern. Die Leute können sich nirgends mehr ducken, sie hätten weder Boden noch Rückhalt. Es bliebe ihnen nichts übrig, als einander die Hände zu reichen. Sie wären keine Subjekte mehr, es gäbe über ihnen keinen Herrn mehr, vor dem sich zu verstecken, aber auch in dem sich zu bergen wäre. (Schiller irrt, wenn er meint, dass über Millionen von Brüdern ein guter Vater *wohnen* müsse.) Und es gäbe keine Natur mehr, die sie bedroht und die sie beherrschen wollen. Dafür aber würden diese einander offenen Häuser einen bislang unvorstellbaren Reichtum an Projekten erzeugen: Es wären netzartig geschaltete Projektoren für allen Menschen gemeinsame alternative Welten.

So ein Häuserbau wäre ein gefährliches Abenteuer. Weniger gefährlich jedoch als das Verharren in den gegenwärtigen Häuserruinen. Das Erdbeben, dessen Zeugen wir sind, zwingt uns, das Abenteuer zu wagen. Sollte es gelingen (und das ist nicht ausgeschlossen), dann würden wir wieder wohnen können, Geräusche in Informationen prozessieren können, etwas erfahren können. Sollten wir das Abenteuer nicht wagen, dann sind wir für alle ersichtliche Zukunft verurteilt, zwischen vier durchlöcherten Wänden unter einem durchlöcherten Dach vor Fernsehschirmen zu hocken oder im Auto erfahrungslos durch die Gegend zu irren.

Wittgensteins Architektur

Man kann das Universum der Texte wie eine Landschaft betrachten. Man wird darin Berge und Täler, Flüsse und Seen, Burgen, Bauerngehöfte und Elendsviertel von Großstädten erkennen. Am Horizont der derart ersehenen Szene werden vereiste Bergriesen wie die Bibel oder Homer erscheinen. Der große ruhige See der aristotelischen Texte, worin Fischer gemächlich ihre Netze auswerfen und Philologen rudern, wird einen Teil des Talbeckens füllen. Der reißende Wasserfall Nietzsche wird dort vom breiten Strom des modernen Pragmatismus aufgefangen. Die alles überragende gotische Kathedrale der Summen des Heiligen Thomas wird auf dem Domplatz jener Stadt ragen, worin sich die Dächer und Giebel der barocken Spekulationen drängen. In den Vorstädten dieser Stadt wird man die romantischen, realistischen und sezessionistischen Wohnhäuser und Fabriken der neueren Literatur erblicken, und etwas abseits von alldem wird ein kleines, scheinbar unbedeutendes, einem Gerüst mehr als einem fertigen Gebäude ähnelndes Häuschen stehen: Wittgensteins Gehäuse.

Das Häuschen heißt *Tractatus.* Das ist ein vertrackter Name. Denn betritt man das Haus, dann bemerkt man gleich, dass hier nicht traktiert wird. Ganz im Gegenteil: Hier wird gespiegelt. Das Haus steht auf sechs Grundpfeilern, die einander, dank hierarchisch geordneter Querbalken, stützen. In der Mitte jedoch ragt ein siebenter Pfeiler, der die Funktion hat, das Gebäude zu durchbrechen und ihm den Boden zu entziehen. So steht das Haus, in allen Ecken, Winkeln und Fugen geschützt, gepanzert und unangreifbar. Und dennoch und gerade deshalb dem Zusammenbruch und dem spurlosen Verschwinden anheimgestellt – von vornherein und vom Ausgang her verurteilt.

Das Gebäude ist hingesetzt: Es besteht aus Sätzen. Jeder Satz setzt alle vorangegangenen voraus und ist selbst Voraussetzung aller folgenden Sätze. Satz für Satz schreitet der Eintretende in den vorgegebenen Räumen, und sein Fuß stützt sich auf Konsistenzen. Und plötzlich, mit einem Satz, einem einzigen Satz, verliert er den Boden unter den Füßen. Er stürzt ins Bodenlose.

Das Haus Wittgensteins steht in einem Vorort jener Stadt, auf deren Domplatz die Türme der Kathedrale des Heiligen Thomas ragen. Die kleinen bescheidenen Pfeiler des Wittgenstein-Hauses stützen einander auf die gleiche logico-philosophische Methode, auf welche auch die Pfeiler der Kathedrale einander stützen. Aber es scheint ein gewaltiger Unterschied zwischen der Kathedrale und dem Häuschen zu klaffen: Die Kathedrale ist ein Schiff, das in den Himmel führt, und das Häuschen eine Falle in den bodenlosen Abgrund. Aber Vorsicht: Ist etwa der Heilige Thomas nicht jener Große Ochs, der nur Stroh drischt? Ist vielleicht der Himmel über der Kathedrale das gleiche schwarze Loch wie der Abgrund unter dem Häuschen? Ist vielleicht das kleine Häuschen Wittgensteins die Kathedrale der Gegenwart? Und sind vielleicht die sich gleichzeitig spiegelnden Spiegel unsere Kirchenfenster?

Die hier geschilderte Landschaft ist selbstredend metaphorisch. Kann man sie nach Wien übertragen? Und kann, wer in das dortige unscheinbare Wittgenstein-Häuschen tritt, den Hauch des Unsäglichen vernehmen? Wovon man nicht sprechen kann, darüber muss man schweigen.

Stadtpläne

Ein Entwurf gleicht einem Netz, das der Verstand über die Umstände auswirft, um sie zu verändern. In diesem Bild stellen die Fäden des Netzes die Regeln dar, nach denen die Umstände verändert werden sollen: In den Knoten kristallisiert sich der zu verwirklichende Entwurf. Der Entwurf gibt vor, was sein soll; er ist imperativ. Die Umstände sind das, was ist; sie sind indikativ. In der Verwirklichung eines Projektes verschmelzen Imperativ und Indikativ, Sein-Sollendes und Sein, Wert und Wirklichkeit. Durch die Umsetzung von Entwürfen werden Werte Wirklichkeit und erfährt die Wirklichkeit ihre Bewertung. Durch den Entwurf injiziert der Verstand gleichsam Wertvorstellungen in die ihn umgebende Wirklichkeit.

Die Analyse aller menschlichen Werke legt einen zugrunde liegenden Entwurf frei, denn es ist allein der Entwurf, der ihnen Struktur verleiht. In der Tat: Die Analyse eines Werkes zielt in erster Linie darauf ab, diesen Plan zu entdecken, und in zweiter Linie, den Entwurf mit dem Werk zu vergleichen, um den Grad der erreichten Verwirklichung zu ermitteln.

Bisweilen kann es jedoch sein, dass durch die Analyse eines Werkes mehrere zugrunde liegende, sich überlagernde Pläne zutage treten. Zwei oder gar mehrere Netze wurden über ein und denselben Umstand geworfen, um ihm Wert zu verleihen. Wo dies der Fall ist, werden die Kriterien, an denen die Beurteilung des Werkes ausgerichtet werden soll, unklar. Noch zweifelhafter wird es, wenn die zugrunde liegenden Wertvorstellungen der überlagernden Entwürfe sich teilweise widersprechen und das Werk ein Ergebnis rivalisierender Projekte ist. Ein Beispiel dieser Ratlosigkeit des Kritikers vor einem Werk ist Brasilia.

Ich stellte fest, dass jede, auch noch so oberflächliche Analyse Brasilias zumindest zwei Entwürfe aufdeckt. Ich werde mich nun auf diese beiden Projekte beschränken. Danach möchte ich das Werk in seinem gegenwärtigen Zustand beschreiben, um schließlich die Ratlosigkeit des Kritikers zu bedenken.

Den ersten Entwurf bezeichnete ich als »geopolitischen«. Er arbeitet nach dem Schema: Man finde die geometrische Mitte des Landes. Man mache sie zum geopolitischen Zentrum Brasiliens, als Bindeglied zwischen Nord und Süd, als Brückenkopf zur Eroberung des Westens, als Verwaltungszentrum sowie als Katalysator der sich ihrer Individualität bewusst werdenden Nation. Und man verachte dabei alle wirtschaftlichen, sozialen, ethnologischen und politischen Nebenumstände. Dieses Projekt zielt ab auf Systole und Diastole eines neuen Herzens, das nunmehr im Zentrum Brasiliens schlägt. Es soll dort wie das Herz eines erwachenden Riesen schlagen, um Verkehrsschlagadern durch den ganzen Körper des Riesen zu legen. Die Systole würde, so der Entwurf, sowohl die bislang brachliegenden menschlichen Ressourcen aus dem Nordosten anziehen, um sie ökonomisch und kulturell zu integrieren, als auch die Pioniere aus dem Süden, um das gigantische Hinterland zu besetzen. Im Prozess der Diastole würden Arterien in alle Richtungen geworfen, damit sich das Land in einer effizienten organischen Einheit artikuliert. Es geht also nicht nur darum, eine Stadt zu errichten, sondern um ein Projekt, das darauf abzielt, einem Land von der Größe eines Kontinents Wert zu verleihen. Eine planetarische Kühnheit, die den Atem verschlägt. Es dürfte schwer sein, in der Geschichte der Menschheit einen Vergleich zu finden.

Dieser erste Entwurf hat im Einzelnen folgende Aspekte: Die brasilianische Bevölkerung ist von den Küsten loszureißen und ins Innere zu schaffen. Sie ist im Zentrum anzusiedeln und soll sich von dort aus über das Land ausbreiten. Sodann: Der große soziale, wirtschaftliche und ethnische Unterschied zwischen dem Nordosten und Südosten des Landes ist zu überbrücken. Zu diesem Zweck sind das Bewusstsein der hungernden Massen des Nordostens und der wohlhabenden Bürger des Südostens im Zentrum zu verschmelzen, um dort synthetisch eine neue brasilianische Mentalität zu erzwingen. Schließlich: Das alles soll kraft eines nationalen Entschlusses geschehen, als Ausdruck einer nationalen Sendung. Und die natürliche Entwicklung des Landes soll darunter nicht leiden, sondern gerade einen neuen Impuls erfahren. – Nach diesem Entwurf ist also Brasilia als ein auf der Landkarte im geographischen Zentrum gezeichnetes Straßenkreuz zu denken. Tatsächlich hat Brasilia in etwa sechs Jahren schon etwa eine halbe Million Menschen, zum Großteil aus dem Nordosten, an sich gezogen.

Und tatsächlich sind die Auto- und Eisenbahnen nach dem Südosten verwirklicht, ist der Bau einer Straße nach dem Norden (nach Belém) im Gang und die Straße nach dem Nordwesten (nach Manaus) im Entstehen. Aber wie weit diese Teilerfolge tatsächlich den ursprünglichen Entwurf verwirklichen können, steht vorläufig noch völlig infrage. Denn dieses Konzept wird prinzipiell durch den zweiten Entwurf infrage gestellt, auf dem Brasilia gründet.

Das zweite Projekt, das ich nunmehr »sozialanthropologisch« nennen möchte, besteht in Folgendem: der Errichtung einer Stadt in einem isolierten und jungfräulichen Gebiet, die zukünftigen Städten als Modell dienen soll, die eine gerechte und schöne Umwelt für die Gemeinschaft schaffen, eine neue Form des Zusammenlebens strukturieren und die Entwicklung des »neuen Menschen« befördern soll. Dieser Plan zielt auf eine Art revolutionärer Landschaftsmalerei, eine gewagte Architektur, eine unerhörte Organisation kommerzieller, administrativer, kultureller und der Erholung dienender Zentren; auf eine avantgardistische Wohnkultur und eine einzigartige Vorstellung von der ökonomischen, sozialen und kulturellen Schichtung der Bevölkerung. Das Ziel dieses Projektes ist der Mensch der Zukunft, der mithilfe der modernsten Technik ein ganzheitliches, erfülltes und produktives Leben führt.

Dieser zweite Entwurf folgt ebenfalls einem Schema: Gegeben ist eine Gelegenheit, mit sozial entwurzelten Menschenmassen eine neue Gesellschaft zu formen. Gefordert ist dabei eine Gesellschaftsform, in der die Krise des Menschen angesichts der Technologie gelöst sein soll. Man baue also eine Stadt als Modell für eine Welt, in der die Menschen endlich ein schöpferisches Leben ohne materielle Nöte führen können. Wahrscheinlich ist dieser Entwurf in seiner utopischen Vorwegnahme kommender Jahrhunderte noch großartiger als der erste.

Der zweite Entwurf zeigt im Einzelnen die folgenden Aspekte: Es ist eine revolutionäre Architektur zu entwickeln, eine Stadt ohne Straßenkreuzung, eine Stadt mit Zentren für alle Lebensfunktionen, eine Stadt also, die, obwohl selbst eine Art perfekter Maschine, zugleich das bloß instrumentale Denken überwindet, indem der Mensch hier seine volle Freiheit gerade erst erhalten soll. Ferner hat diese neue Architektur symbolisch über sich selbst hinauszuweisen. Der flugzeugförmige Stadtplan etwa ist ein Symbol für den Start in die Zukunft: Die beiden Halbkugeln des Parlaments symbolisieren die

Unabhängigkeit der beiden Kammern, die sich zugleich zu einem abgerundeten Ganzen zusammenfügen. Das Präsidentenpalais schließlich, der Palácio da Alvorada (Palast des Sonnenaufgangs), ist ein Symbol des Morgens. Tatsächlich wird, wenn die riesige Sonne hinter dem Glaspalast aufgeht und ihn gleichsam in Feuer setzt, diese Bedeutung zur sichtbaren Gestalt. Schließlich sollen nach diesem Konzept die Menschen in kleine organische Gemeinschaften eingeordnet werden, wobei eine Art »dynamischer Hierarchie« beabsichtigt ist. Gruppen mit unterschiedlichem Niveau, aber voller Persönlichkeitsentfaltung für den Einzelnen.

Dass die beiden Konzeptionen einander widersprechen, ist offensichtlich: Die erste besticht durch seine grandiose Vision eines mächtigen Landes, die zweite durch die Vision der platonischen Politeia, eines irdischen Jerusalem als Lösung aller Menschheitsprobleme des ausgehenden zwanzigsten Jahrhunderts. Das erste Projekt ist eindeutig traditionell und in seinen Werten dem neunzehnten Jahrhundert verpflichtet. Das zweite Projekt ist eindeutig visionärer Natur, und seine Werte sind - oder behaupten dies zumindest - neu. Ziel des ersten Entwurfs ist »das Große Brasilien«, des zweiten »der Neue Mensch«. Das Große Brasilien aber ist ein Ideal des alten Menschen; ein Wert jener megalomanischen Tradition, welche einen Aspekt der Moderne kennzeichnet. In Brasilien hat diese Tradition lateinische, das heißt in diesem Fall cartesianische, Konnotationen. Brasilia spiegelt diesen Widerspruch. Beide Entwürfe sind heroisch und packend. Beide Pläne sind zweifelhaft. Unzweifelhaft jedoch ist ihr Heroismus.

Die Überlagerung beider Projekte führte zum vorliegenden widersprüchlichen und gigantischen Werk: Auf der nicht enden wollenden, grauen und trockenen, monotonen und unwirtlichen Hochebene mit ihren verwachsenen, verkümmerten Büschen, unter der erbarmungslosen Sonne, vor dem leeren Horizont erhebt sich Brasilia, die Mondstadt, die Gesellschaft der Versuchskaninchen. Im Zentrum ein beherrschendes und selbst von den Pyramiden an Monumentalität kaum übertroffenes Symbol: der *Platz der drei Gewalten.* Jedoch ist er weder Symbol der Gottheit noch der Menschheit, sondern einer Verwaltungsvorstellung aus dem achtzehnten Jahrhundert. Eine triumphale Piste (die *monumentale Achse*) verbindet das Symbol mit dem Bahnhof, dem Tempel der Gegenwart. Vor dem prophetischen Auge erscheint diese Achse voll tobender

Menschen des zweiundzwanzigsten Jahrhunderts oder voll von Marsbewohnern (riesenhaften goldenen Ameisen). Vorläufig ist sie jedoch menschenleer, lediglich gesäumt von den pathetischen Blöcken der Ministerien, eingeschlossen von den kreuzungslosen Asphaltstraßen, die trotz des Asphalts Reminiszenzen an Kreta wachrufen. Kreta, Ägypten und Babylon – doch sicherlich nicht Hellas – sind die antikisierenden Leitmotive dieser kolossalen Herrlichkeit.

Im zukünftigen Vergnügungszentrum soll das *Hotel Nacional* eine Oase sein, die durch niedrige Decken und hohe Mauern die Monumentalität der Symbole und den Schrecken der grauen Einöde draußen vergessen machen will. Eine Miniaturwelt, eine Art Raumschiff 2001, wo um einen blauen Swimmingpool ein kaltes Buffet angerichtet ist, an dem sich – von der älteren amerikanischen Jungfer mit *Amazon-Explorer*-Abzeichen über den Diplomaten bis hin zum Politiker – alle bedienen sollen und wo Schülern auf Klassenfahrt nach Goiana und Belo Horizonte Coca-Cola serviert wird.

Jenseits dieser beiden Zentren breitet sich die Stadt gen Westen aus, wo sie in zwei verschiedene Siedlungen unterteilt werden kann. Die eine grenzt an die traditionelle Avenue (die W3) und besteht aus kleinen, aneinandergeklebten Häuschen, die einfache geometrische Muster bilden. Die andere besteht aus Apartmentkomplexen, die Innenhöfe mit Schulen, Läden und Unterhaltungszentren umschließen. Die Adressen in beiden Siedlungen setzen sich aus Zahlen und Buchstabenkombinationen zusammen, die an moderne Computercodes erinnern. Wer zu den in die Geheimsprache Initiierten gehört, dem geben die Zeichen Auskunft über den Wohnort sowie die wirtschaftliche Stellung des Bewohners und das ungefähre Datum seiner Ankunft in Brasilia. Durchaus vorstellbar, dass Kinder, die in jener »schönen neuen Welt« geboren werden, schon mit diesen Zeichen versehen sind, ja sie sogar durch genetische Mutation als Erbgut auf der Brust tragen. Die Alpha, Beta und Gamma der Einwohner Brasilias leben offensichtlich in angenehm hierarchisch unterteilten Gegenden, doch die Dichte des bewohnten Raumes (im Gegensatz zur Weite der Landschaft) macht asoziale Entfremdung auf sämtlichen Niveaus unmöglich. Der allgemeine Eindruck ist der eines zwar angenehmen, aber doch leicht verkommenen Ameisenhaufens und erinnert an Viertel in New York oder Moskau; die Qualität dürfte ungefähr in der Mitte zwischen den beiden Hauptstädten der gegenwärtigen Weltmächte anzusiedeln sein. An ihren äußersten

Punkten berühren beide Viertel die majestätisch sich ausbreitende Ebene, in die sie langsam vordringen.

Ein künstlicher See, gleich einem blauen Spiegel, kontrastiert scharf mit dem staubigen Grau der Hochebene - eine Wasserinsel inmitten eines Landmeeres. In dieser Umgebung ohne Bezugspunkt, ohne menschliches Maß, erscheint er mal sehr groß, mal wie ein verlorener Tropfen. In einer gewissen Entfernung zur Stadt (nah oder fern?) entstand eine andere, unvorhergesehene Stadt, die dennoch das Ergebnis der beiden Entwürfe Brasilias ist. Eine Stadt des Wilden Westens - menschlich und schmutzig, armselig und voller Leben. Kurzum: eine Erholung für jeden Abenteurer und die Augen des Besuchers.

Das ist die eine Ansicht Brasilias: Man sieht ein eingestandenermaßen unvollendetes Werk, von dessen künftiger Vollendung jedoch mit Sicherheit keine überraschenden Neuerungen zu erwarten sind. Die Ansicht kann und muss durch eine Anhörung vervollständigt werden, das heißt durch die Aussagen der Bewohner. Für die bescheidenen Ziele dieses Artikels können sie jedoch vernachlässigt werden, denn sie würden die Aufgaben der Kritik, wie ich sie oben skizziert habe, nur erschweren. Der Kritiker fühlt sich auch ohne sie schon hinreichend verunsichert. Und doch kann er sich seiner Aufgabe nicht entziehen: Denn wir alle sind Kritiker bei einem Werk von solcher Reichweite.

Die erste Aufgabe des Kritikers ist die Erkenntnis des Werkes, die voraussetzungslose Annahme seiner zugrunde liegenden Entwürfe. Es wäre nicht einsichtig, zu argumentieren, dass Leonardo nach der Konzeption Giottos hätte malen sollen. Genauso unbefriedigend wäre es zu behaupten, dass der geopolitische Plan Brasilias nicht hätte verwirklicht werden dürfen, sondern ein anderer, oder gar dass derselbe an einem anderen Ort, zu einer anderen Zeit hätte umgesetzt werden müssen. Oder zu behaupten, dass der sozialanthropologische Plan aus diesem oder jenem Grund verfehlt oder unsympathisch sei oder, dass Gesellschaften sich nicht planen ließen, sondern sich organisch entwickeln müssten. Diese Art der Kritik sollte aufhören. Das Werk als solches muss anerkannt werden.

Aber ist ein Projekt erst erkannt, so ist es die Aufgabe der Kritik, es mit dem verwirklichten Werk zu vergleichen. Inwiefern ist die Umsetzung in Brasilia gelungen, und an welchen Punkten hat man sich von den zugrunde liegenden Entwürfen entfernt? Der Kritiker sieht sich nicht in der Lage, diese Frage zu beantworten. Denn in dem Maße, in dem Brasilia das geopolitische Projekt umsetzte, entfernte es sich vom sozialanthropologischen, wie die Entstehung der ungeplanten Stadt beweist: Die Wildwest-Stadt verkörpert den wahren Sinn dieses Planes. Und in dem Maße, in dem Brasilia den sozialanthropologischen Entwurf verwirklichte, entfernte es sich vom geopolitischen – die Monumentalität und der Luxus der öffentlichen Gebäude geben Zeugnis davon. Ihr futuristischer Kosmopolitismus und ihr Vexierbild wirtschaftlicher Prosperität leugnen den Versuch, ein Zentrum für ein expandierendes und sich entwickelndes Land zu schaffen. Vielleicht ist es möglich, beide Projekte in ferner Zukunft zusammenzuführen. Doch diese Synthese war in keinem Plan vorgesehen. Sie wird ganz von selbst kommen. Habent fata libelli: Und so haben auch Gesellschaften ihre Schicksale, welche jedoch kaum vorherbestimmbar sind.

Pläne schaffen Ordnung. Doch sich überlagernde Entwürfe verursachen durch ihre Überblendung Chaos in der Ordnung. Vor dem Chaos ist die Kritik ratlos. In einem solchen Fall wäre es wohl das Beste, sich eines Urteils zu enthalten. Doch die Auswirkungen eines Werkes von solcher Größe sind so gewaltig, dass es unaufrichtig wäre, nicht Stellung zu beziehen. Man ist entweder dafür oder dagegen. Die Anhängerschaft oder Gegnerschaft wird notwendigerweise auf rein subjektiven Kriterien fußen. Etwa von der Art: »Ich möchte gerne in Brasilia wohnen« oder »Lieber sterben, als in so einer Umgebung zu leben«. Doch solche Urteile haben nichts mit Kritik im strengen Wortsinn zu tun.

Brasilia ist wie jedes menschliche Werk nicht zuletzt auch Kunstwerk. Vielleicht das bisher größte in Brasilien geschaffene. Vielleicht deswegen ist das Erlebnis Brasilia so unvergleichbar in der Wirkung. Es zeigt nicht nur die schöpferische Gewalt des menschlichen Willens, die Großartigkeit der menschlichen Phantasie, sondern offenbart mehr vielleicht noch als Flüge zum Mond zugleich die prinzipiellen Grenzen des Menschen. Grenzen, die heute kaum mehr im Bereich der Außenwelt liegen, sondern durch die Widersprüche unseres Innern bedingt sind. In Brasilia werden sie sichtbar. Sie müssen der Kritik unterzogen werden. Es war das Anliegen dieses Textes, aufzuzeigen, welche Schwierigkeiten dieser Aufgabe entgegenstehen.

Brasilia

Die Autobahn aus São Paulo führt, nach Durchquerung des Bundesstaates São Paulo, über zwei Ströme, die den Paraná und schließlich den Rio de la Plata bilden werden. Zwischen ihnen liegt das Steppendreieck des Triângulo mineiro. Dann steigt sie ein wenig zur brasilianischen Hochebene, dem endlosen Chapadão, dem Planalto. Man hat ihn oft in der brasilianischen Literatur beschrieben. Er ist beispielsweise Bühne für Guimarães Rosas riesiges Werk *Grande Sertão: Veredas.* Diese Landschaft bleibt letztlich unbeschreiblich, aber sie bildet eine Herausforderung ersten Ranges (etwa wie der Mond) und darf nicht unbeschrieben bleiben. Hier und da ein verborgenes Tal, erst aus nächster Nähe sichtbar, in tropischer Wollust wuchernd, von Spalieren der Buritípalmen gesäumt, die berühmten Veredas. Das alles dehnt sich Tausende von Kilometern in jeder beliebigen Richtung, unter dem lauernden Blick der kreisenden, gierigen Geier. Sollte einst in dieser Landschaft eine Offenbarung an die Menschheit ergehen (wie sie zum Beispiel in Sinai erging), welcher Art müsste ein solcher Manichäismus sein? Der heroische Versuch, auf dieses leere Blatt des Chapadão ein Zeichen zu setzen, ist die Stadt Brasilia.

Brasilia, die Metropole eines ehemaligen Kaiserreichs, die Bundeshauptstadt vielleicht des zukünftigen Weltreichs, auf jeden Fall aber eines gewaltigen Staates, keines armen, unterentwickelten Landes. Übermenschlich menschenverachtend, aller menschlichen Größenordnungen spottend, also imperial ist diese Stadt, ganz wie der Chapadão, als dessen Kontrapunkt sie gedacht ist. Und ganz wie im Chapadão ist auch in Brasilia diese Unmenschlichkeit begeisternd – und entsetzlich zugleich. Vergleiche mit Ägypten, Babylon und dem alten Mexiko drängen sich auf, wie man ja immer versucht ist, das Neue im Alten zu verankern und so das Unerhörte dorthin zu stellen, wo es hingehört. Aber solche sich aufdrängenden Vergleiche bringen das Neue – im Unterschied zum Alten – gerade noch mehr ins Blickfeld. Zum Beispiel der Brennpunkt Brasilias, der *Platz der drei Gewalten.* Er ist oft als »pharaonisch« bezeichnet worden. Aber die Pyramiden sind Symbole für die Transzendenz des Todes, vor solcher Majestät muss der Mensch zu einer Art Wurm werden. Der *Platz der drei Gewalten* jedoch ist ein gigantisches Symbol für jene staatsrechtliche Gliederung des achtzehnten Jahrhunderts, die in Brasilien immer fremd erschien und nie richtig funktioniert hat. Vor solcher Fragwürdigkeit freilich fühlt man sich weniger als Wurm, denn als Schraube oder Niete, Teil einer gigantischen Maschinerie. Tatsächlich fühlt man auf der riesigen Plattform, die zwischen dem Obersten Gerichtshof und dem Regierungspalast eine Art Bühne künftiger Haupt- und Staatsaktionen bildet, wie man nicht nur schrumpft, sondern auch zum Werkzeug wird. Dass die berühmten Halbkugeln des Parlaments, welche auf der Plattform ruhen und sie dramatisch durchbrechen, augenblicklich leer stehen, wirkt wie eine Demonstration der Sinnlosigkeit eines solchen »verwerkzeugten« Daseins: als die Problematik des Verhältnisses von Symbol und Bedeutung. Eine Diskrepanz, wie es sie im alten Ägypten nicht gab. Die Bedeutung der Pyramiden wird noch außer Frage stehen, wenn sie einmal völlig verfallen. Aber die Bedeutung der »drei Gewalten« ist schon fraglich, während Brasilia noch im Bau ist.

Von diesem Platz führt eine Triumphstraße babylonisch zum Allerheiligsten der Jetztzeit: zur Estação Rodoviária, der Großen Straßenkreuzung. Es ist der Eixo Monumental, die Monumentale Achse. Um diese also drehen sich Stadt und Reich, die man hinter dem offenen Horizont des überall gegenwärtigen Chapadão erahnt, und vielleicht in Zukunft der Erdball. Vorläufig ist sie gähnend leer, wobei das Gähnen sowohl eines vor endloser Langeweile wie auch des bodenlosen Abgrunds ist. Aber dem visionären Blick (und welcher Blick ist nicht visionär in Brasilia?) eröffnet sie ein Panorama der Zukunft: Vor den geometrisch die Straße flankierenden Riesenblocks der Ministerien, vor dem Knochengerüst der Kathedrale (genannt Käfig des Heiligen Geistes) und vor der Stufenpyramide des Stadttheaters drängt sich die jubelnde Masse der goldgrabenden Ameisen und der Gesandten und Botschafter von Mars und Jupiter, welche den großen Bruder des zweiundzwanzigsten Jahrhunderts enthusiastisch verehren. Und damit genug des Loblieds auf die monumentalen Aspekte Brasilias; sein Prunk, seine Pracht, sein Neureichtum bei gutem Geschmack seien unterschlagen. Der Mensch ist endlich überholt und damit die Tradition des Menschen als Maß aller Dinge (anthropos metron panton). Aber die Griechen haben das Wort »Hybris«, und die Bibel hat einen Abschnitt, der vom Turm zu Babel handelt.

Doch das für Menschen Maßlose zielt nicht nur ins Große. Auch die Miniaturisierung, die Minimalisierung, kurz das Mini, ist eines seiner Ideale. Und tatsächlich spreizt der große Vogel Brasilia einen westlichen Flügel (der östliche ist noch unentfaltet), den man archaisch ein »Wohnviertel« nennen könnte und der ein Triumph des Kleinen ist. Zwar ist der Plan quadratisch, nicht drudenfußförmig, aber ansonsten stimmt eigentlich alles. Es handelt sich um würfelförmige Miniaturhäuschen in verschiedenen Stufen des Wohlstands und des Verfalls, welche sich zu Quadern und Superquadern ordnen. Inmitten riesiger Wohnblocks mit Hunderten von winzigen Behausungen, die ihre Prachtfronten dem Nichts, ihre Küchen und Aborte aber den Innenhöfen bieten, in dem sich das Leben abspielt, leben die Menschen, deren Adressen aus Ziffern und Buchstaben bestehen, die dem Eingeweihten verraten, in welchem Ministerium der Bewohner arbeitet, welchen Posten er bekleidet, wie viele Kinder er hat und wann er nach Brasilia zog, um dieses »Paradies« vielleicht für die Copacabana einzutauschen. Umgeben von den Blocks spielen die Kinder, vor Chapadão und Straßenverkehr geschützt, dort unterhalten sich die Frauen, dort wird das sanfte Band der Liebe geknüpft und gelöst, dort träumen die Männer von der großen Zukunft. Das Gehen auf Primatenbeinen gehört dort der Vergangenheit an, und die Bewohner werden, biologischen Gesetzen gehorchend, wahrscheinlich atrophieren. Es ist dort nämlich der neue Mensch im Werden.

Die Bezifferung der Adressen dieser Alphas, Betas und Gammas ändert die Präfektur aus unersichtlichen Gründen periodisch, sodass es bei der cartesianischen Gleichheit der Örtlichkeiten zum aussichtslosen Unterfangen wird, beispielsweise einen Freund aufzufinden. Fast das einzige Abenteuer freilich, das Brasilia bietet. Aus demselben Grund vielleicht werden die Kinder noch nicht mit genetisch vorbestimmten Adressen auf den Bäuchen geboren. Denn sonst waltet über allem als Vorsehung die *Novacap* – eine Art große Kuh und Magna Mater –, allerdings in Form eines Apparates. Jene große Mutter *Novacap* ist die planende Präfektur der neuen Hauptstadt, der als wohlerzogene Kinder eine Heerschar von Funktionären beigegeben ist. So ist Brasilia, die Mondstadt der Zukunft.

Allerdings im Hintergrund dieses Futurismus und offiziell nicht anerkannt, verbirgt sich die *Freie Stadt* (Cidade Livre): ein Wildwest mit Händlern und Trödlern, Bordellen und Tanzlokalen, Holzhütten und Erdstraßen, Elend und Krankheit und Tanz und Gesang, mit Kirchen und Macumba-Zauber. Dort wohnen die Arbeiter, die Brasilia bauen, und dorthin flüchten die Funktionäre. Es ist eine Menschenstadt, und es ist kein weiteres Wort über sie zu verlieren. Man kennt das. Und gehört nun alles zu jener leeren Mondlandschaft, die Guimarães Rosa als *nonada* (im Nichts) zu beschreiben begonnen hat.

Städte entwerfen

Zuerst sei gefragt: warum Städte und nicht Dörfer? Warum nicht, wie dies gegenwärtig einige Alternative zu empfehlen scheinen, das zivilisierte Leben zugunsten eines kultivierten verwerfen? Zum Beispiel das kosmische Dorf eines McLuhan ins Auge fassen? Kurz und vorwegnehmend gesagt, weil das Dorf keinen theoretischen Raum öffnet. Weil, allem Anschein zum Trotz, das kultivierte und kultivierende Dorfleben keine Muße im zivilisierten Sinn dieses Wortes bietet. Dörfer können keine Tempelberge haben, und dies nicht etwa, weil sie sich unter einem Tempelberg in Städte *(suburbia)* verwandeln. Anders gesagt, sobald theoretisiert wird, wird das Dorfleben städtisch. Das ist eine Behauptung, und sie will bedacht sein. Es genügt nicht, sie aus der Geschichte zu belegen: Sobald Geometrie getrieben wird, werden Dörfer zu Städten. Zu fragen ist, warum dies so ist.

Das kultivierte und kultivierende Leben ist ein Schaltplan, dank dessen die zwischenmenschlichen Beziehungen so verknotet werden, dass die Knoten unter der Maske von vegetarischen Wölfen identifiziert werden können. Diese pauschal wirkende Beschreibung des Dorflebens beruht nicht nur auf dem römischen Vorbild mit seinem *colere, cultura* und mit seiner *lupa* (obwohl es uns Okzidentalen unmöglich ist, das römische Vorbild zu vermeiden). Es beruht auch auf dem Versuch, das lauernde Warten auf die Ernte in den Griff zu bekommen.

Kultivierte und Kultivierende sind ihrer Lebenseinstellung nach vegetarische Wölfe. Sie sind einer des anderen Wolf, weil die Ernte verteilt werden muss, und sie sind ein Wolfsrudel allen anderen, weil die anderen die eigene Ernte belauern. Und sie sind vegetarisch, selbst wenn sie gelegentlich grasende Wiederkäuer essen, weil sie sitzen und aufs Reifen der Körner warten. Es mag zwar verschiedene Masken beim Dorftanz geben, aber sie besitzen alle diesen Wolfscharakter. Alle Tänze sind Lupernalia, selbst wenn sie ein anderes, ebenso listiges und reißendes Totemtier (etwa den Eber) haben. So ein lauerndes Warten ist eine der theoretischen Muße (der griechischen *schole,* dem jüdischen Sabbath) feindliche Lebenseinstellung. Dörfliche »Freizeit« ist groß, aber anti-akademisch.

Nicht etwa, als ob die Stadt die vegetarischen Wölfe »veredelt« oder zu Schafen umgezüchtet hätte. Im Gegenteil, sie hat den politischen Raum geöffnet, worin sich die Wölfe austoben können, und sie stellt ihnen im wirtschaftlichen Raum riesige Schafherden zur Verfügung. Die Stadt hallt vom Wolfsgeheul und Schafsgeblök wider (man denke ans Hupen und an Walkie-Talkies), wobei sich gelegentlich Wölfe in Schafspelzen und Schafe in Wolfspelzen maskieren. Aber gerade dieses Verwandeln der Wölfe von vegetarischen in kannibalische und dieses Zähmen der Stadtbewohner zu Schafen (zu dem das Christentum beitrug) erlaubt der Stadt, einen Raum der Stille herauszuschneiden und emporzuheben. Dort unten fressen die Wölfe die Schafe und einander, und gerade deshalb können hier oben einige wenige Akademiker theoretisieren (falls sie den Eintritt hierher dank Mathematik und Musik erworben haben). Auch diese pauschal wirkende Beschreibung der Stadt hat, genauso wie jene des Dorfes, ein unvermeidliches Vorbild, nämlich Athen, aber sie ist ebenso wie das dörfliche Bild aus dem Bemühen entstanden, die städtische Lebensstimmung zu begreifen.

Zu fragen ist allerdings, warum das Öffnen eines theoretischen Raums wünschenswert ist und warum daher Städte statt Dörfern entworfen werden sollen? Die platonische Antwort, dass die Stadt sich nur dadurch rechtfertigt, dass sie Theorie gestattet und die Theorie zum Wahren, Schönen und Guten führt, ist nicht mehr zufriedenstellend. Aus der relationellen Sicht, die oben vorgeschlagen wurde, bietet sich eine andere Antwort an: Weil die Theorie jene Schaltung der zwischenmenschlichen Beziehungen ist, dank derer Informationen hergestellt werden. Die politischen Wölfe zerfetzen diese Informationen, und die ökonomischen Schafe konsumieren sie, aber im theoretischen Raum werden sie immer neu dialogisch gewoben. Wenn also das zwischenmenschliche Netz die Tendenz hat (dafür »engagiert« ist), der allgemeinen Entropie zum Trotz Informationen herzustellen, so ist der theoretische Raum sein Alpha und Omega. Man sieht, hier ist Platon in einer Art kopernikanischer Revolution (wieder einmal) mit den Füßen auf die Erde gestellt worden. Kurz, das Entwerfen alternativer Städte hat sich auf das Entwerfen von theoretischen Räumen zu konzentrieren, die nicht in den Himmel schauen, sondern ihn herunterziehen.

Gebilde und Gebäude

Angenommen, dass sich das künftige Projizieren von Städten auf theoretische Räume konzentrieren wird, so entsteht die folgende Frage: Wird dadurch die politische und wirtschaftliche Grundlage, auf welcher der Elfenbeinturm beruht, nicht vernachlässigt werden? Um dies brutaler zu sagen: Wenn sich die künftigen Städtebauer mit dem Entwerfen von Tempeln begnügen und dabei eleganterweise Marktplatz und Privathäuser vergessen sollten, wird man sie dann nicht mit Recht einer geradezu pharaonischen elitären Oligarchie, eines Edelfaschismus bezichtigen müssen? Darauf ist zu antworten, dass sich seit den Pharaonen (und seit Platon) einiges verändert hat, und vor allem dieses: Es ist zumindest denkbar geworden, dass Marktplatz und Privathaus an Simulanten von Menschen ausgehändigt werden und dass alle menschlichen Bürger auf den Tempelberg übersiedeln. Es ist zumindest denkbar geworden, dass die Politik an künstliche Intelligenzen und die Wirtschaft an Roboter ausgehändigt wird und dass Menschen sich darauf beschränken werden können, diese Roboter zu programmieren.

Somit beginnt sich gegen den Horizont des sich aufrichtenden Menschen etwa die folgende alternative Stadt abzuzeichnen: Dort, wo gegenwärtig in Privathäusern konsumierende Schafe wiederkäuen, werden Tag und Nacht Herden von immer operativer werdenden Automaten schuften. Dort, wo gegenwärtig auf dem Marktplatz reißende Wölfe einander zerfetzen und auf die Schafe lauern, werden Tag und Nacht Rudel von immer intelligenter werdenden Computern die Automaten regieren. Und oben auf dem Tempelberg, wo gegenwärtig eine Elite von Programmierern und Szenaristen, von Marktplatz und Privathaus größtenteils unbemerkt, die unsichtbaren Fäden zieht, nach denen sich Marktplatz und Privathaus richten, dort wird die gesamte Bürgerschaft in müßigem, reibungslosem Zwiegespräch die Informationen herstellen, mit denen Markt und Haus programmiert werden, um den Tempelberg zu versorgen.

Um sich eine solche Stadt überhaupt vorstellen zu können, muss man die geographischen zugunsten von topologischen Denkkategorien aufgeben, eine nicht zu unterschätzende Leistung.
Man darf sich die zu entwerfende Stadt nicht als einen geographischen Ort vorstellen (als etwa einen nahe bei einem Fluss liegenden Hügel), sondern als eine Krümmung im intersubjektiven Relationsfeld. Das meint man wohl mit der Behauptung, dass die künftige Zivilisation »immateriell« wird sein müssen. Diese Umstellung ist

eine nicht zu unterschätzende Leistung, selbst wenn wir uns daran zu gewöhnen beginnen, Krümmungen in Feldern in synthetischen Bildern von Gleichungen auf Computerschirmen zu sehen. Man bedenke nur, wie schwierig es war, die geographische Fläche nicht als Ebene, sondern als Körperoberfläche zu sehen. Seltsamerweise wird aber bei einem Umdenken aus Geographie in Topologie die zu entwerfende Stadt gerade nicht »utopisch«. Sie ist »utopisch« (ortlos), solange wir geographisch denken, denn sie ist an keinem geographischen Ort lokalisierbar. Aber sobald wir topologisch, das heißt in vernetzten konkreten Beziehungen zu denken beginnen, wird diese Stadt nicht nur lokalisierbar, sondern überall im Netz lokalisierbar. Sie entsteht überall und immer, wo sich intersubjektive Beziehungen nach einem zu entwerfenden Schaltplan ballen. Um dies »astronomisch« zu sagen: Die zu entwerfende Stadt ist für das zwischenmenschliche Beziehungsfeld, was ein Himmelskörper für das Schwerefeld ist, nämlich eine Krümmung, welche die Relationen »anzieht«.

Bleibt man bei dieser (allerdings etwas schiefen) Metapher, so wird verständlicher, was mit dem Entwerfen eines theoretischen Raums gemeint ist. Es muss ein Raum sein, in den zwischenmenschliche Beziehungen »irgendwie« eingesogen werden. Er muss »attraktiv« sein.

Welche alternative Zivilisation aber können wir jetzt und hier entwerfen? Eine einzige sei skizziert, doch sie ließe sich ohne Schwierigkeiten (mit und ohne Computer) zu zahllosen anderen variieren und bis zur Unkenntlichkeit der ursprünglichen Version umcomputieren. Bei der hier skizzierten Stadt wird vom folgenden Schaltplan der zwischenmenschlichen Beziehungen ausgegangen: Alle Menschen sind so miteinander zu vernetzen, dass die gegenwärtig verfügbaren Informationen in immer neuen Feldern aufgefangen und in die Computationen aufgenommen werden können. Es wird angenommen, dass einige der derart erzeugten Informationen zum Programmieren von künstlichen Intelligenzen verwendet werden können, welche ihrerseits automatische Maschinen zum Herstellen der für Menschen unerlässlichen Lebensmittel erzeugen und kontrollieren können, sodass der theoretische Raum den politischen und wirtschaftlichen aus sich selbst herausstellen und diese beiden Räume ins Untermenschliche stellen kann. Ein solches Stadtmodell kann als eine Umstülpung der platonischen Utopie angesehen werden: Zwar nimmt, wie in der Utopie, der theoretische Raum die oberste Position ein, aber er wird nicht mehr von Politik und Ökonomie gestützt, sondern umgekehrt ist er es, welcher diese beiden Räume aus sich entwirft. Der große Unterschied zwischen diesem Entwerfen und der Utopie besteht darin, dass hier die Stadt zu einem bislang unvermeidlichen Wurmfortsatz des theoretischen Raums wird, während ihr in der Utopie die Aufgabe zufiel, einen theoretischen Raum zu öffnen. Die Absicht dieses projektiven Raums ist nicht, Politik und Wirtschaft herzustellen und zu lenken, sondern dem intersubjektiven Netz angesichts der allgemeinen Entropie – angesichts des Todes und des Zerfallens in immer größere Wahrscheinlichkeit – einen Sinn zu geben. Kurz, Theorie nicht mehr als Entdecken der Wahrheit, sondern als Projizieren von Bedeutung zu begreifen.

Beim Entwerfen des theoretischen Raums werden die Städtebauer die gegenwärtige Wissenschaft (und ihre Technik) als Ausgangspunkt, aber nicht als Stützpunkt nehmen. Sie werden ein Netzwerk aus reversiblen materiellen und immateriellen Kabeln spinnen (und haben bereits damit begonnen), sie werden durch diese Kabel Informationen so laufen lassen, dass sie an jedem Ort des Netzes zugleich und zur Gänze abrufbar sind (und haben damit bereits begonnen), sie werden in dieses Netz Raster und Gedächtnisse einbauen (und haben damit bereits begonnen), und sie werden die Informationen mit immer operativeren Codes verschlüsseln (und auch hier sind die ersten Schritte bereits ersichtlich).

Geographisch gesehen wird also die Stadt den ganzen Erdball umfassen, aber topologisch gesehen wird sie vorerst eine kaum merkliche Krümmung im allgemeinen zwischenmenschlichen Beziehungsfeld sein: Die meisten zwischenmenschlichen Beziehungen werden außerhalb ihrer (in den gegenwärtigen Zivilisationen) liegen. Das Grundproblem des Stadtentwurfs wird sich als Frage nach dem Erweitern und Vertiefen der theoretischen Krümmung stellen. Als Lösung wird ein »offener Konfuzianismus« vorgeschlagen. Allerorts werden in das zwischenmenschliche Netz »Schulen« eingebaut werden, in welchen Kompetenzen für das Prozessieren von Informationen ausgebildet werden, und diese Schulen werden eine Stufenleiter in Richtung des theoretischen Raums bilden. Je zahlreicher das »Mandarinat« wird (je mehr zwischenmenschliche Beziehungen für Theorie kompetent werden), desto mehr wird sich der theoretische Raum erweitern und desto attraktiver wird er werden.

Während der Übergangsperiode zwischen der gegenwärtigen und der künftigen Zivilisation werden die zwischenmenschlichen Beziehungen in zwei Netze zerfallen: das eine wird bereits theoretisch geschaltet sein, das andere noch immer wirtschaftlich und politisch, aber mit der Zeit wird das zweite Netz vom ersten aufgesogen werden (dieser Prozess ist bereits gegenwärtig im Gange). Dieser »offene Konfuzianismus« – ein jeder kann Mandarin sein, sofern er dafür Kompetenz erwirbt – hat eine vorübergehende und eine dauerhafte Folge. Vorübergehend wird die Aufteilung in Mandarine und Laien als mandarinischer Totalitarismus seitens der Laien verstanden werden (so die Ansicht der Kulturpessimisten). Dauerhafter wird sich der theoretische Raum als ein *fuzzy set* von ineinandergreifenden und einander befruchtenden Kompetenzen erweisen (so die Absicht der Städteentwerfer).

Dies zeigt auch, warum die Wissenschaft zwar als Ausgangspunkt, aber nicht als Stützpunkt anzusehen ist. Als Ganzes und in jedem einzelnen Wissenschaftszweig wird die Wissenschaft nur eine der Kompetenzen sein, die im theoretischen Raum ineinandergreifen und einander überdecken. Andere Kompetenzen (zum Beispiel die selbst nur als Ausgangspunkt, aber nicht als Stützpunkt genommenen Künste und wertenden Disziplinen) werden in die Wissenschaft eindringen und sie von innen her verändern, wobei sie selbst ihren ursprünglichen Charakter verlieren werden. Auf längere Sicht wird sich aus dieser grauen Zone ineinandergreifender Kompetenzen eine bisher unvorstellbare Universalkompetenz synthetisieren, die ihrerseits wieder in bisher unvorstellbare Verästelungen übergehen kann. Die gegenwärtigen Kategorien »Erkenntnis«, »Wertung« und »Erlebnis« werden unoperativ werden und anderen weichen. Auch dafür – für diesen »Tod« von Wissenschaft, Kunst und Ethik, wie die Pessimisten sagen – sind die ersten Anzeichen sichtbar.

Der derart entworfene theoretische Raum ist eine Schule (ein Ort der Muße), weil alle Arbeit (alle Veränderung der Relationsfelder) mechanisiert und ins Untermenschliche abgedrängt ist. Aber er ist keine klassische beschauliche Schule, sondern eher ein Laboratorium für formale Experimente, für *sperimentazione mentale;* denn er ist ein Raum zum Prozessieren von zwischenmenschlichen Beziehungen, zum Konkretisieren der in diesen Beziehungen angelegten Möglichkeiten. Die neue Zivilisation soll den Menschen nicht mehr in und mit Masken als Individuum identifizieren, sondern dank kreativer Ballung überhaupt erst das spezifisch Menschliche aus den zwischenmenschlichen Beziehungen projizieren. Es lässt sich demnach zwar von einem »Tod« der Wirtschaft, der Politik und des menschlichen Subjekts sprechen, aber nur in jenem Sinn, in dem bei einem Schmetterling vom Tod der Larve die Rede sein kann. Eine so entworfene Stadt ist jener Ort, an dem der aufrechte Mensch aus dem Subjekt hervorbricht.

Betrachtet man die hier vorgeschlagene, hastig hingeworfene und nicht konsequent gezogene (plumpe) Skizze, dann ist man von zwei einander widersprechenden Aspekten beeindruckt. Einerseits erscheint die Skizze wie ein völlig unrealisierbarer phantastischer Traum eines außerhalb des sozialen Gewebes schwebenden Einzelnen, andererseits wie eine Projektion bereits beobachtbarer Tendenzen in diesem Gewebe. Dieser Widerspruch ist für die gegenwärtige Lage charakteristisch. Verlängern wir nämlich die gegenwärtigen Tendenzen in die unmittelbare Zukunft, dann kommen die unterschiedlichsten Szenarien dabei heraus, aber alle sind sie phantastisch. Wer nicht träumen, sondern mit beiden Füßen auf festem Boden bleiben will (wer nicht Lust hat, sich zu entwerfen), der ist gegenwärtig genötigt, zahlreiche beobachtbare Tendenzen entweder nicht wahrzunehmen oder zu minimalisieren.

Augenschließen ist keine bequeme Einstellung für Realisten. Wer hingegen die beobachtbaren Tendenzen hinzunehmen bereit ist, der wird von ihnen zu Phantasien getrieben. Der eben skizzierte Stadtentwurf ist ein phantastischer Traum, er ist aus Engagement für Kreativität und für andere geboren, und gerade deshalb ist er realistischer als die Szenarien, die uns seitens der Pessimisten geboten werden – unter anderem aus dem seltsamen Grund, dass sich die Realität als Phantasie zu erweisen beginnt.

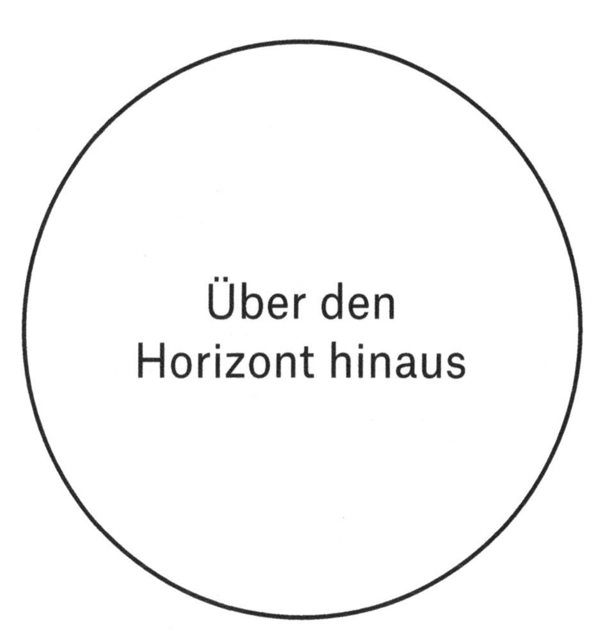

Über den Horizont hinaus

Schamanen und Maskentänzer

Wenn man die Gleichungen, in denen sich die Wissenschaften ausdrücken, in einen Computer füttert, dann wird auf dem Schirm das Weltbild der Wissenschaften erscheinen. Und zwar als einander kreuzende und überdeckende Drahtgeflechte. An einigen Stellen verdichten sich die Drähte und bilden Ausbuchtungen. Diese Wellentäler innerhalb der Netzfelder nennt man *Materie,* während die sie bildenden Drähte *Energie* genannt werden. »Animiert« man dieses Computerbild (macht man daraus einen Film), dann wird man beobachten können, wie sich die Ausbuchtungen aus den Drahtgeflechten ausstülpen, verschiedenerorts immer komplexer werden, sich dann wieder einebnen, um schließlich spurlos im Geflecht zu verschwinden. Das Happy End des Films ist ein sich formlos in alle Richtungen ausdehnendes Drahtnetz. Man kann dies den *Wärmetod* nennen. Eines der Wellentäler kann als »unsere Sonne« identifiziert werden. In diesem Tal wird man ein Untertal als »unsere Erde« darstellend erkennen. Betrachtet man dieses Untertal näher, dann wird man dort eine große Zahl winziger Ausbuchtungen ersehen: die die Erde umhüllende Biomasse. Richtet man seine Aufmerksamkeit auf dieses Plätschern, dann wird man unter den kleinen und flüchtigen Wellchen uns selbst wiedererkennen.

Wenn wir uns derart als provisorische Ausbuchtungen aus einander überschneidenden Kräftefeldern erkennen, dann wird alle hergebrachte Anthropologie über den Haufen geworfen. Dann sind wir nämlich verknotete Beziehungen (Drähte) ohne irgendeinen Kern (irgendeinen »Geist«, irgendein »Ich«, irgendein »Selbst«, überhaupt ohne irgendetwas, womit wir uns »identifizieren« könnten). Entknotet man die Beziehungen, die uns ausmachen, dann bleibt nichts in den Händen. Anders gesagt: »Ich« ist dann jener abstrakte Punkt, in dem sich konkrete Beziehungen kreuzen und von dem konkrete Beziehungen ausgehen. Mit diesen in uns verknoteten Beziehungen können wir uns dann allerdings »identifizieren«: zum Beispiel als schwerer Körper (Knotenpunkt im elektromagnetischen und gravitationellen Feld) und als Organismus (Knotenpunkt im genetischen und ökologischen Feld) und als »Psyche« (Knotenpunkt im kollektiven psychologischen Feld) und als »Person« (Knotenpunkt in einander überschneidenden sozialen, intersubjektiven Feldern). Statt »Person« kann man auch »Maske« sagen. Was früher »Selbstidentifikation« genannt wurde, kann gegenwärtig besser als Identifikation mit einer Maske (oder mit einigen austauschbaren oder übereinanderlegbaren Masken) bezeichnet werden.

Damit gewinnt der Begriff »Maske« seine ursprüngliche existenzielle Bedeutung wieder. Man ist, was man ist, erst wenn man eine spezifische Maske trägt (in ihr tanzt) und wenn die übrigen Stammesmitglieder diese Maske erkennen und anerkennen. Ursprünglich gab es relativ wenig Masken: etwa die der Schamanen, des Jägers, des Homosexuellen. Später wurden die Masken zahlreicher; sie können heute eine über der anderen getragen werden: Man kann etwa als Bankdirektor tanzen und darunter die Maske des Kunstsachverständigen, des Bridgespielers und des Vaters tragen. Schält man eine Maske nach der anderen ab, dann bleibt (wie bei der Zwiebel) nichts übrig. Die Existenzanalyse drückt das so aus: »Ich« ist, wozu »du« gesagt wird.

Betrachtet man derart die Gesellschaft (das Feld der intersubjektiven Beziehungen) als eine Maskenverleihanstalt, dann erkennt man in ihr ein Netz, innerhalb dessen physikalische, biologische, psychologische (und andere) Verknotungen in Masken aufgefangen werden, um zu »Personen« verdichtet zu werden. Die Frage ist dann, wie diese Masken hergestellt und auf die ins soziale Netz einströmenden Beziehungen aufgesetzt werden. Damit wird das Masken-Design zur eigentlichen politischen Frage. Bei einem Stamm in Amazonien ist dies deutlich: Wie wird das Design der Schamanenmaske hergestellt und wie wird die Maske dann einem in die Pubertät tretenden Mann aufgesetzt, damit er als Schamane von allen anerkannt werde und sich selbst als solcher identifizieren möge? Bei einer so komplexen Gesellschaft wie der sogenannten »nachindustriellen« ist dies weniger deutlich. Jedoch genügt es, diese Frage zu formulieren, um die meisten politischen Kategorien durcheinanderzubringen.

Es ist wenig erfolgversprechend, die Amazonasindianer daraufhin zu befragen. Sie werden das Design der Maske übermenschlichen Kräften zuschreiben (etwa einem leopardenförmigen Ahnen), und das Aufsetzen der Maske werden sie aus einer geheiligten Tradition erklären. Das ist eine Ideologie, die zwar nicht weniger glaubhaft ist als unsere eigenen, uns aber dennoch befremdet. Unsere eigenen Ideologien (vor allem die jüdisch-christliche und humanistische) setzen in uns einen Ich-Kern voraus, der in verfügbare Masken hineinkriecht und sich darin verbirgt, und das erschwert das Verständnis des Masken-Design noch mehr als der Leopardenahne. Es bleibt daher nichts anderes übrig als der Versuch, vom Feld der intersubjektiven Beziehungen etwas zurückzutreten und sich die Masken von außen anzusehen; ein unmöglicher Versuch, denn ohne Maske sind »wir« nicht und können daher keine Masken erkennen. (Früher nannte man dies die »Dialektik des unglücklichen Bewusstseins«.)

Dennoch lässt sich sagen: Masken als Löffel, welche in den Beziehungsbrei eintauchen, um daraus Personen zu schöpfen, sind irgendwie selbst aus dem Brei emporgetaucht: Sie sind selbst intersubjektive Formen. (Die Maske des Bankdirektors ist nicht aus irgendeinem Himmel der Berufung oder des Berufs auf die Gesellschaft gefallen, sondern die Berufung und der Beruf sind eine Folge der Maske.) Daher ist die Frage nach dem Masken-Design eine intersubjektive Frage. Das heißt: Was ich bin, dazu bin ich erst im allgemeinen »Gespräch« geworden. Daraus ist zu schließen: »Ich« ist nicht nur Maskenträger, sondern auch Designer der Masken für andere. Also »verwirkliche« ich mich nicht nur, wenn ich in Masken tanze, sondern ebenso, wenn ich gemeinsam mit anderen Masken für andere entwerfe. »Ich« ist nicht nur, wozu »du« gesagt wird, sondern auch, was »du« sagt. Allerdings kann ich nur maskiert Masken entwerfen. Das ist keine befriedigende Antwort auf die Frage nach dem Design von Masken, sondern bestenfalls Ansatz für weitere Fragen. Nur diese Fragestellung unterscheidet uns von den Indianern (inklusive von solchen, welche um uns herumtanzen oder vor Fernsehschirmen sitzen, um sich von dort Masken zu holen). *Design* heißt unter anderem Schicksal. Die Fragestellung ist der Versuch, gemeinsam das Schicksal in die Hand zu nehmen, es gemeinsam zu formen.

Form und Material

Mit dem Wort »immateriell« wird schon längst Unfug getrieben. Aber seit man von einer »immateriellen Kultur« spricht, kann solch ein Unfug nicht länger hingenommen werden. Der vorliegende Aufsatz setzt sich zur Aufgabe, zum Abräumen des schiefen Begriffs »Immaterialität« beizutragen.

Das Wort *materia* ist das Resultat des römischen Versuchs, den griechischen Begriff *hylé* ins Lateinische zu übersetzen. *Hylé* meint ursprünglich »Holz«, und so etwas wird auch das Wort »materia« gemeint haben, wie aus dem spanischen Wort *madera* noch zu ersehen ist. Aber als die griechischen Philosophen zum Wort *hylé* gegriffen haben, dachten sie dabei nicht an Holz im Allgemeinen, sondern an jenes Holz, das in Tischlerwerkstätten lagert. Es ging ihnen nämlich darum, ein Wort zu finden, in welchem ein Gegensatz zum Begriff »Form« (griechisch *morphé*) ausgedrückt werden könnte. Also meint *hylé* etwas Amorphes. Die Grundvorstellung dabei ist diese: Die Welt der Erscheinungen, so wie wir sie mit unseren Sinnen wahrnehmen, ist ein unförmiger Brei, und hinter ihr sind ewige, unveränderliche Formen verborgen, die wir dank dem übersinnlichen Blick der Theorie wahrnehmen können. Der amorphe Brei der Erscheinungen (die »materielle Welt«) ist eine Täuschung, und die dahinter verborgenen Formen (die »formale Welt«) ist die Wirklichkeit, die dank der Theorie entdeckt wird. Und zwar so, dass erkannt wird, wie die amorphen Erscheinungen in die Formen fließen, sie füllen, um dann wieder ins Amorphe hinauszufließen.

Wir kommen diesem Widerspruch *hylé – morphé* oder »Materie – Form« näher, wenn wir das Wort »Materie« mit »Stoff« übersetzen. Das Wort »Stoff« ist das Substantiv des Verbums »stopfen«. Die materielle Welt ist das, was in Formen gestopft wird, sie ist das Füllsel für Formen. Das ist viel einleuchtender als das Bild vom Holz, das zu Formen geschnitzt wird. Denn es zeigt, dass die stoffliche Welt überhaupt erst verwirklicht wird, wenn sie in irgendetwas gestopft wird. Das französische Wort für »Füllsel« ist *farce,* und das erlaubt die Behauptung, dass unter so einem theoretischen Blick auf die Welt alles Materielle, Stoffliche eine Farce ist. Dieser theoretische Blick ist im Verlauf der Entwicklung der Wissenschaften in einen dialektischen Widerspruch mit dem sinnlichen Blick getreten (»Observation – Theorie – Experiment«), und dies kann als Trübung der Theorie gedeutet werden. Dies konnte sogar bis zum Materialismus führen, für den die Materie (der Stoff) die Realität ist. Gegenwärtig jedoch beginnen wir unter dem Druck der Informatik zum ursprünglichen Begriff der »Materie« als einem vorübergehenden Füllsel von zeitlosen Formen zurückzukommen.

Aus Gründen, deren Bedenken den Rahmen dieses Aufsatzes sprengen würden, hat sich, unabhängig vom philosophischen Materiebegriff, der Widerspruch »Materie – Geist« entwickelt. Die ursprüngliche Vorstellung dabei ist, dass feste Körper verflüssigt und flüssige vergast werden können – und dabei aus dem Blickfeld verschwinden. So kann zum Beispiel der Atem (griechisch *pneuma,* lateinisch *spiritus*) als eine Vergasung des festen menschlichen Körpers angesehen werden. Der Übergang von fest zu gasförmig (von Körper zu Geist) kann am Hauch bei Frost beobachtet werden.

In der modernen Wissenschaft hat sich aus der Vorstellung des Wechselns der Aggregatzustände (fest – flüssig – gasförmig und zurück) ein anderes Weltbild ergeben. Danach geht, grob gesprochen, dieser Wechsel zwischen zwei Horizonten vor sich. Auf dem einen Horizont (dem absoluten Nullpunkt) ist überhaupt alles fest (stofflich), und auf dem anderen Horizont (bei Lichtgeschwindigkeit) ist überhaupt alles mehr als gasförmig (energetisch). (Hier sei daran erinnert, dass »Gas« und Chaos das gleiche Wort sind.) Dieser hier auftauchende Gegensatz »Materie – Energie« erinnert an Spiritismus: Man kann Materie in Energie verwandeln (Fission) und Energie in Materie (Fusion) und dies artikuliert die Einstein'sche Formel. Und für das Weltbild der modernen Wissenschaft ist alles Energie, das heißt eine Möglichkeit zu zufälligem, unwahrscheinlichem Ballen, zur Materienbildung. Für so ein Weltbild gleicht »Materie« vorübergehenden Inseln von Ballungen (Krümmungen) in einander überschneidenden energetischen Möglichkeitsfeldern. Und daher stammt der gegenwärtig in Mode kommende Unfug, von »immaterieller Kultur« zu sprechen. Gemeint ist eine Kultur, bei welcher Informationen ins elektromagnetische Feld eingetragen und dort übertragen werden. Der Unfug besteht nicht nur im Missbrauch des Begriffs »immateriell« (statt »energetisch«), sondern auch im Unverständnis des Begriffs »informieren«.

Zurück zum ursprünglichen Gegensatz »Materie – Form«, also »Inhalt – Behälter«. Der Grundgedanke dabei ist dieser: Wenn ich etwas sehe (zum Beispiel einen Tisch), dann sehe ich Holz in Tischform. Zwar ist dabei das Holz hart (ich stoße dagegen), aber ich weiß, dass es vergehen wird (verbrennen und in amorphe Asche zerfallen). Aber die Tischform ist unvergänglich, denn ich kann sie mir immer und überall vorstellen (vor meinen theoretischen Blick hinstellen). Daher ist die Tischform real, und der Tischinhalt (das Holz) nur scheinbar. Und das zeigt, was eigentlich Tischler machen: Sie nehmen eine Tischform (die »Idee« eines Tisches) und zwingen sie einem amorphen Stück Holz auf. Das Malheur dabei ist, dass sie dadurch nicht nur das Holz informieren (in die Tischform zwingen), sondern auch die Tischidee deformieren (sie im Holz verzerren). Das Malheur ist also, dass es unmöglich ist, einen idealen Tisch zu machen.

Das alles klingt archaisch, ist aber tatsächlich von einer Aktualität, die verdient, »brennend« genannt zu werden. Dafür ein einfaches und hoffentlich einleuchtendes Beispiel: Die schweren Körper um uns herum scheinen regellos zu kollern, aber in *Wirklichkeit* befolgen sie die Formel des freien Falles. Die sinnlich wahrgenommene Bewegung (das Stoffliche an den Körpern) ist scheinbar, und die theoretisch ersehene Formel (das Formale an den Körpern) ist wirklich. Und diese Formel, diese Form ist raum- und zeitlos, unveränderlich ewig. Die Formel des freien Falles ist eine mathematische Gleichung, und Gleichungen sind raum- und zeitlos: Es hat keinen Sinn, fragen zu wollen, ob »1+1=2« auch um vier Uhr nachmittags in Semipalatinsk wahr ist. Es hat aber ebenso wenig Sinn, von der Formel zu sagen, dass sie »immateriell« sei. Sie ist das *Wie* des Stoffes, und der Stoff ist das *Was* der Form. Anders gesagt: Die Information »freier Fall« hat einen Inhalt (Körper) und eine Form (eine mathematische Formel). So etwa hätte man das im Barock ausgedrückt.

Aber die Frage ist und bleibt: Wie ist Galilei auf diese Idee gekommen? Hat er sie hinter den Erscheinungen theoretisch entdeckt (platonische Interpretation), hat er sie zwecks *Orientierung* unter den Körpern erfunden, oder hat er so lange mit Körpern und mit Ideen herumgespielt, bis die Idee des freien Falles herauskam? Mit der Antwort auf diese Frage steht und fällt das Gebäude der Wissenschaft und der Kunst, dieser Kristallpalast aus Algorithmen und Theoremen, den wir die Kultur des Abendlandes nennen. Um dieses Problem zu verdeutlichen, um die Frage nach dem formalen Denken vor Augen zu führen, sei ein weiteres Beispiel aus der Zeit Galileis geboten:

Es geht um die Frage nach dem Verhältnis zwischen Himmel und Erde. Falls sich der Himmel mit Mond, Sonne, Planeten und Fixsternen um die Erde dreht (wie dies zu sein scheint), dann dreht er sich in sehr komplizierten epizyklischen Bahnen, von denen einige rückläufig sein müssen. Falls die Sonne im Mittelpunkt steht und daher die Erde zu einem Himmelskörper wird, dann laufen die Bahnen in relativ einfachen elliptischen Formen. Die barocke Antwort auf diese Frage: In Wirklichkeit steht die Sonne in der Mitte, und die Ellipsen sind die wirklichen Formen; und die epizyklischen Formen der Ptolemäer sind Figuren, Fiktionen, erfundene Formen, um den Schein zu wahren (die Erscheinungen zu retten). Wir denken gegenwärtig formaler als damals, und unsere Antwort lautet: Ellipsen sind bequemere Formen als Epizyklen, und daher sind sie vorzuziehen. Aber Ellipsen sind weniger bequem als Kreise, und Kreise können leider hier nicht angewandt werden. Zur Frage steht also nicht mehr, was wirklich, sondern was bequem ist, und dabei stellt sich heraus, dass man nicht einfach bequeme Formen den Erscheinungen aufsetzen kann (in diesem Fall Kreise), sondern nur die Bequemsten unter einigen, die zu ihnen passen. Kurz: Die Formen sind weder Entdeckungen noch Erfindungen, weder platonische Ideen noch Fiktionen, sondern zurechtgebastelte Behälter für Erscheinungen (»Modelle«). Und die theoretische Wissenschaft ist weder »wahr« noch »fiktiv«, sondern »formal« (Modelle entwerfend).

Falls »Form« der Gegensatz zu »Materie« ist, dann gibt es kein Design, das »materiell« zu nennen wäre: Es ist immer informierend. Und falls die Form das »Wie« der Materie ist und »Materie« das »Was« der Form, dann ist Design eine der Methoden, der Materie Form zu verleihen und sie so und nicht anders erscheinen zu lassen. Das Design zeigt, wie alle kulturelle Artikulation, dass die Materie nicht erscheint (unscheinbar ist), außer man informiere sie, und dass sie, wenn einmal informiert, zu scheinen beginnt (phänomenal wird). Dass also die Materie im Design, wie überall in der Kultur, die Art ist, wie die Formen erscheinen.

Aber von Design zwischen Material und »Immaterialität« zu reden, ist dennoch nicht völlig sinnlos. Es gibt nämlich tatsächlich zwei verschiedene Seh- und Denkarten: die stoffliche und die formale. Die barocke war stofflich: Die Sonne ist wirklich im Zentrum, und die Steine fallen wirklich nach einer Formel. (Sie war stofflich, und gerade darum nicht materialistisch.) Unsere ist eher formal: Die Sonne im Zentrum und die Gleichung des freien Falles sind praktische Formen (das ist formal, und gerade deshalb nicht immaterialistisch). Diese beiden Seh- und Denkarten führen zu zwei verschiedenen Arten des Entwerfens. Die stoffliche führt zu Repräsentationen (zum Beispiel zu den Darstellungen von Tieren auf Höhlenwänden). Die formale zu Modellen (zum Beispiel zu Entwürfen von Kanalisationen auf mesopotamischen Ziegeln). Die erste Sehweise betont das Erscheinende in der Form, die zweite die Form in der Erscheinung. So kann beispielsweise die Geschichte der Malerei als ein Prozess angesehen werden, im Verlauf dessen das formale über das stoffliche Sehen (allerdings mit einigen Rückschlägen) überhandnimmt. Das will gezeigt sein:

Ein wichtiger Schritt auf dem Weg zur Formalisation ist die Einführung der Perspektive. Es geht zum ersten Mal bewusst darum, vorgefasste Formen mit Stoff aufzufüllen, die Erscheinungen in spezifischen Formen erscheinen zu lassen. Ein weiterer Schritt ist etwa Cézanne, dem es gelingt, zwei oder drei Formen zugleich auf einen Stoff zu drücken (etwa einen Apfel von verschiedenen Perspektiven aus zu »zeigen«). Dies wird vom Kubismus auf die Spitze getrieben: Es geht um das Aufzeigen vorgefasster geometrischer (einander überschneidender) Formen, bei denen der Stoff nur dazu dient, die Formen erscheinen zu lassen. Man kann also von dieser Malerei sagen, dass sie sich zwischen dem Inhalt und dem Behälter, zwischen dem Stoff und der Form, zwischen dem materiellen und dem formalen Aspekt der Erscheinungen in Richtung dessen bewegt, was unrichtig das »Immaterielle« genannt wird.

Aber dies alles ist nur eine Vorbereitung für die Herstellung der sogenannten »synthetischen Bilder«. Sie erst machen die Frage nach dem Verhältnis von Stoff zu Form gegenwärtig so »brennend«. Es geht um Apparate, welche gestatten, Algorithmen (mathematische Formeln) als farbige (und womöglich bewegte) Bilder auf Schirmen aufleuchten zu lassen. Das ist etwas anderes als das Entwerfen von Kanälen auf mesopotamischen Ziegeln, als das Entwerfen von Würfeln und Kegeln auf kubistischen Gemälden, ja sogar etwas anderes als das Entwerfen von möglichen Flugzeugen aus Kalkulationen. Denn im ersten Fall geht es darum, Formen für künftig darin aufzufangende Stoffe zu entwerfen (Formen für Kanalwasser, für Demoiselles d'Avignon, für Mirages), und im zweiten Fall geht es um »reine« platonische Formen. Die fraktalen Gleichungen zum Beispiel, die als Mandelbrots Apfelmännchen auf den Schirmen aufleuchten, sind stofflos (wenn sie auch nachträglich mit Stoffen wie Gebirgsformationen, Gewitterwolken oder Schneeflocken gestopft werden können). Solche synthetischen Bilder können (fälschlich) »immateriell« genannt werden, und zwar nicht, weil sie im elektromagnetischen Feld aufleuchten, sondern weil sie stoff-freie, leere Formen zeigen.

Die »brennende« Frage lautet demnach: Früher (seit Platon und noch vorher) ging es darum, vorhandenen Stoff zu formen, um ihn zum Erscheinen zu bringen, und jetzt geht es eher darum, einen aus unserer theoretischen Schau und unseren Apparaten hervorquellenden und sich übersprudelnden Strom von Formen mit Stoff zu füllen, um die Formen zu »materialisieren«. Früher ging es darum, die scheinbare Welt des Stoffs nach Formen zu ordnen, und jetzt eher darum, die vorwiegende, in Zahlen verschlüsselte Welt der sich unübersehbar vermehrenden Formen scheinbar zu machen. Früher darum, die gegebene Welt zu formalisieren, und jetzt, die entworfenen Formen zu alternativen Welten zu realisieren. Das meint »immaterielle Kultur«, sollte aber eigentlich »verstofflichende Kultur« heißen.

Es geht um den Begriff des Informierens. Er meint, Formen auf Stoffe drücken. Dies wird seit der Industrierevolution sehr deutlich. Ein Stahlwerkzeug in einer Presse ist eine Form, und sie informiert den an ihr vorbeifließenden Glas- oder Plastikstrom zu

Flaschen oder Aschenbechern. Früher war die Frage, zwischen wahren und falschen Informationen zu unterscheiden. Wahr waren solche, bei denen die Formen Entdeckungen, und falsch solche, bei denen die Formen Fiktionen waren. Diese Unterscheidung wird sinnlos, seit wir die Formen weder für Entdeckungen *(aletheiai)* noch für Fiktionen, sondern für Modelle halten. Früher hatte es einen Sinn, zwischen Wissenschaft und Kunst zu unterscheiden, und jetzt ist dies sinnlos geworden. Das Kriterium für Informationskritik ist jetzt eher dieses: Wie weit sind die hier aufgedrückten Formen mit Stoff auffüllbar, wie weit sind sie realisierbar? Wie operativ, wie fruchtbar sind die Informationen?

Es geht also nicht darum, ob Bilder Oberflächen von Stoffen sind oder Inhalte von elektromagnetischen Feldern. Sondern darum, wie weit sie dem stofflichen und dem formalen Denken und Sehen entspringen. Was immer »Material« bedeuten mag, es kann nicht das Gegenteil von »Immaterialität« bedeuten. Denn die »Immaterialität«, also, strikt gesprochen, die Form, bringt überhaupt erst das Material in Erscheinung. Der Schein des Materials ist die Form. Und das allerdings ist eine post-materielle Behauptung.

Vom Fluss der Dinge

Abstrahieren heißt »abziehen«. Die Frage ist: woher und wohin abziehen? Kürzlich noch war dies eine stumme Frage, denn ihre Antwort war selbstverständlich. Kürzlich war die Umwelt noch ein aus Dingen bestehender Umstand. Die Dinge waren das »Konkrete«, woran sich der Mensch halten konnte. »Abstrahieren« war damals eine Bewegung, dank welcher der Mensch von seinem konkreten Umstand Abstand nehmen konnte. Es war eine sich von den Dingen entfernende Bewegung – eine von den Dingen weg und zu Undingen hin gerichtete Bewegung. Diese von der Abstraktion gesuchten Undinge nannte man »Formen« (was immer darunter verstanden wurde, beispielsweise Begriffe, Modelle, Symbole). Dies erlaubte, die Abstraktion zu stufen: Je weiter entfernt von Dingen, desto abstrakter, »theoretischer« war eine Form. Die höchsten Abstraktionen waren damals die allgemeinsten (das heißt leersten) Formen: zum Beispiel die logischen Symbole. Die Absicht der Abstraktion war, die Dinge der Umwelt aus dem Abstand in den Griff zu bekommen, sie zu »begreifen«, sich hinsichtlich der Dinge zu »informieren«. Die damals selbstverständliche Antwort auf die vom Abstrahieren gestellte Frage »Woher und wohin?« lautete: »Von den Dingen weg, hin zu den Informationen«. Sie ist nicht mehr selbstverständlich. Unsere Umwelt ist dabei, sich revolutionär zu verwandeln. Wir sind dabei, in anderen Umständen zu leben. Etwas Neues wird da geboren.

Die harten Dinge in unserer Umwelt beginnen, von weichen Undingen verdrängt zu werden: Hardware von Software. Die Dinge ziehen sich aus dem Zentrum des Interesses zurück, es konzentriert sich auf Informationen. Wir können und wollen uns im Leben nicht mehr an die Dinge halten: Sie sind nicht mehr das »Konkrete«. Daher kann »Abstrahieren« nicht mehr »Weg vom Ding« bedeuten.

Kein Zweifel kann darüber bestehen, dass die Dinge immer weniger interessieren. Überall gibt es Symptome für eine Abkehr des Interesses von ihnen. Der größte Teil der Gesellschaft ist nicht länger mit dem Herstellen von Dingen, sondern mit der Manipulation von Informationen beschäftigt. Das Proletariat, dieser Erzeuger von Dingen, wird zur Minderheit, und die Funktionäre, die Beamten und die übrigen im »dritten Sektor« beschäftigten Angestellten, diese Erzeuger von Undingen, werden zur Mehrheit. Man verlangt nicht länger noch ein Paar Schuhe oder noch ein Möbelstück, sondern längere Ferien und bessere Schulen für die Kinder: nicht noch mehr Dinge, sondern mehr Informationen. Die Moral der Dinge – Erzeugung, Besitz und Speicherung von Dingen – weicht einer neuen: dem Gewinn von Genuss, Erlebnissen, Besitz, Erfahrungen, Kenntnissen, kurz von Informationen. Das Leben in einer undinglich werdenden Umwelt gewinnt eine neue Färbung: Nicht der Schuh, sondern der Genuss des Schuhs, das Laufen, wird das Konkrete. Nicht das Dingliche des Schuhs, sondern das Informative an ihm ist das Interessante. Der Wert verschiebt sich vom Ding auf die Information: Umwertung aller Werte.

Die Verschiebung des Interesses vom Ding weg in Richtung Information lässt sich mit der Automation der Dingerzeugung erklären. Maschinen werden informiert, um Dinge massenhaft zu speien. All diese Rasiermesser, Anzünder, Füllfedern, Plastikflaschen sind praktisch wertlos. Wertvoll allein ist die Information, das »Programm« in den Maschinen. In dem Maß, in dem wir lernen, Roboter zu informieren, werden überhaupt alle Dinge (auch Häuser, Fahrzeuge, Bilder, Gedichte, musikalische Kompositionen) praktisch wertlos werden. Die Dinge sind im Fluss, die Springflut von Dingen, die uns umspült, diese Inflation der Dinge, ist gerade der Beweis für unser wachsendes Desinteresse an Dingen. Sie werden alle zu Gadgets, zu dummem Zeug, sie werden alle verächtlich. Dies ist auch die neue Bedeutung des Begriffs »Imperialismus«: Die Menschheit wird von jenen Gruppen beherrscht, welche über Informationen hinsichtlich des Baus von Atomwaffen und Atomkraftwerken, hinsichtlich genetischen Operationen und Verwaltungsapparaten verfügen. Wer nur über Dinge verfügt, über Rohstoffe oder Lebensmittel, sieht sich gezwungen, sich diesen immer teurer werdenden Informationen zu unterwerfen. Nicht das Ding, die Information ist das ökonomisch, sozial, politisch Konkrete. Unsere Umwelt wird zusehends weicher, nebelhafter, spektraler.

Informationen – Undinge wie Bilder auf dem Fernsehschirm, in Computern gelagerte Daten, in Robotern gespeicherte Programme, Mikrofilme und Hologramme – lassen sich nicht mit Fingern greifen. Im buchstäblichen Sinn dieses Wortes sind sie »unbegreiflich«.

Zwar besagt das Wort »Information« »Formation in« Dingen. Informationen verlangen nach dinglichen Unterlagen, nach Kathodenröhren, nach Chips, nach Strahlen. Aber die Hardware wird immer billiger, die Software immer teurer. Obwohl die dinglichen Reste, die den neuen Informationen noch anhaften, vorläufig unvermeidlich sind, sind sie bereits verächtlich. Nicht auf die Chips, auf die Bits müssen wir achten. Dieser gespenstische Charakter unserer Umwelt, diese ihre unbegreifliche Nebelhaftigkeit, ist die Stimmung, in der wir zu leben haben.

An die Dinge können wir uns nicht mehr halten, und bei den Informationen wissen wir nicht, wie wir uns an sie halten. Wir sind haltlos geworden. In dieser Lage wird die Frage nach dem Woher und Wohin der Abstraktion gestellt. Die Absicht jeder Abstraktion ist, die konkrete Umwelt aus einem Abstand heraus in den Griff zu bekommen. Nie war dies notwendiger als gegenwärtig. Die Umwelt, von der wir Abstand zu nehmen haben, ist die nebelhafte Welt der uns programmierenden Informationen. Sie sind das Konkrete, von dem wir abstrahieren müssen. Und es wird ersichtlich, wohin wir uns beim Abstrahieren zu richten haben: Wir müssen, um mit Husserl zu sprechen, »zurück zu den Sachen selbst«. Abstrahieren muss gegenwärtig bedeuten, den Weg zur Sache zurückzufinden. Um diese neue, umgestülpte Bedeutung des Begriffs »Abstraktion« zu verstehen, müssen wir versuchen, uns vorzustellen, wie das konkrete Leben innerhalb einer »undinglichen« Umwelt aussehen wird: das Leben unserer Enkel. Denn von dieser Konkretizität gilt es zu abstrahieren.

Es ist nicht schwer, sich dieses Leben vorzustellen: Die mit elektronischen Apparaten spielenden und sich an ihnen berauschenden »neuen Menschen« um uns herum leben bereits heute das undingliche Leben von morgen. An diesem neuen Leben ist die Atrophie der Hände bemerkenswert. Der an den Dingen uninteressierte künftige Mensch wird keine Hände benötigen, denn er wird nichts mehr behandeln müssen. Die von ihm programmierten Apparate werden jede künftige Behandlung übernehmen. Übrig bleiben von den Händen die Fingerspitzen. Mit ihnen wird der künftige Mensch auf Tasten drücken, um mit Symbolen zu spielen und um audiovisuelle Informationen aus Apparaten abzurufen. Der fingernde handlose Mensch der Zukunft wird nicht handeln, sondern tasten. Sein Leben wird kein Drama mehr sein, das eine Handlung hat, sondern es wird ein Schauspiel sein, das ein Programm hat. Der neue Mensch wird nichts mehr tun und haben wollen; er wird genießen wollen, was auf dem Programm steht. Nicht Arbeit und nicht Praxis, sondern Betrachtung und Theorie werden sein konkretes Leben charakterisieren. Nicht Arbeiter, *Homo faber,* sondern Spieler mit Formen, *Homo ludens,* ist der Mensch der undinglichen Zukunft.

Wollen wir uns in der weichen, gespenstisch werdenden Umwelt der Undinge orientieren, dann müssen wir versuchen, den Weg zu den Phänomenen zurückzufinden. »Abstraktion« muss bedeuten, aus den Undingen die Sachen zu abstrahieren. Die »Sachen«, nicht die »Dinge«. Denn die Dinge haben sich definitiv als uninteressant erwiesen. Diese harten Objekte haben sich definitiv in Felder, in Verhältnisse aufgelöst, und eine »objektive Umwelt«, an die man sich halten könnte, ist definitiv auseinandergefallen. Kein Mensch kann mehr glauben, dass der harte Tisch, auf dem ich schreibe, in Wirklichkeit nicht ein Schwarm von Elektronen, also in Wirklichkeit »leer« ist. Gibt das Ding vor, objektiv da zu sein, so gibt die Sache zu, dass sie eine Stelle ist, wo menschliche Absichten zusammenstoßen. Als Ding ist der Tisch ein Stück Materie, ein Widerstand, ein »Problem«, auf das ich stoße; als Sache ist er Teil einer allgemeinen Übereinkunft. An die Materialität des Tisches kann ich nicht mehr glauben, wohl aber daran, dass ich an einer Übereinkunft teilhabe, in der Sachen wie Tische vorkommen. Ich kann mich vor den Tisch setzen und auf ihm schreiben, weil ich an einer Übereinkunft teilhabe und dank dieser Übereinkunft überhaupt da bin. Der Tisch ist ein Teil der Übereinkunft, und ich selbst bin ein Teil der Übereinkunft. Der Tisch wäre nicht vorhanden, und ich selbst wäre nicht da, gäbe es nicht eine derartige Übereinkunft. Nicht der Tisch, und nicht ich selbst, sondern das Verhältnis Ich-Tisch ist die Sache. Die dingliche Umwelt ist uninteressant geworden, das Interesse hat sich auf die Dokumente verschoben. Es sind die Dokumente, die Formen, die Modelle, die gegenwärtig beginnen, das Konkrete der Umwelt auszumachen. Aus dieser uns programmierenden Konkretizität der Dokumente müssen wir die Tatsachen abstrahieren. Diese Tatsachen sind allesamt auf einen gemeinsamen Nenner zu bringen: Wir sind nicht allein auf der Welt, sondern wir sind mit anderen da, und alles, was wir erleben, erkennen und werten, ist Folge unserer Übereinkunft mit anderen. Der Weg der neuen Abstraktion führt weg von der Information und hin zum anderen. Im Grund bedeutet »Zurück zur Sache« die Codes aufzudecken, um sich selbst und den anderen von ihnen zu emanzipieren.

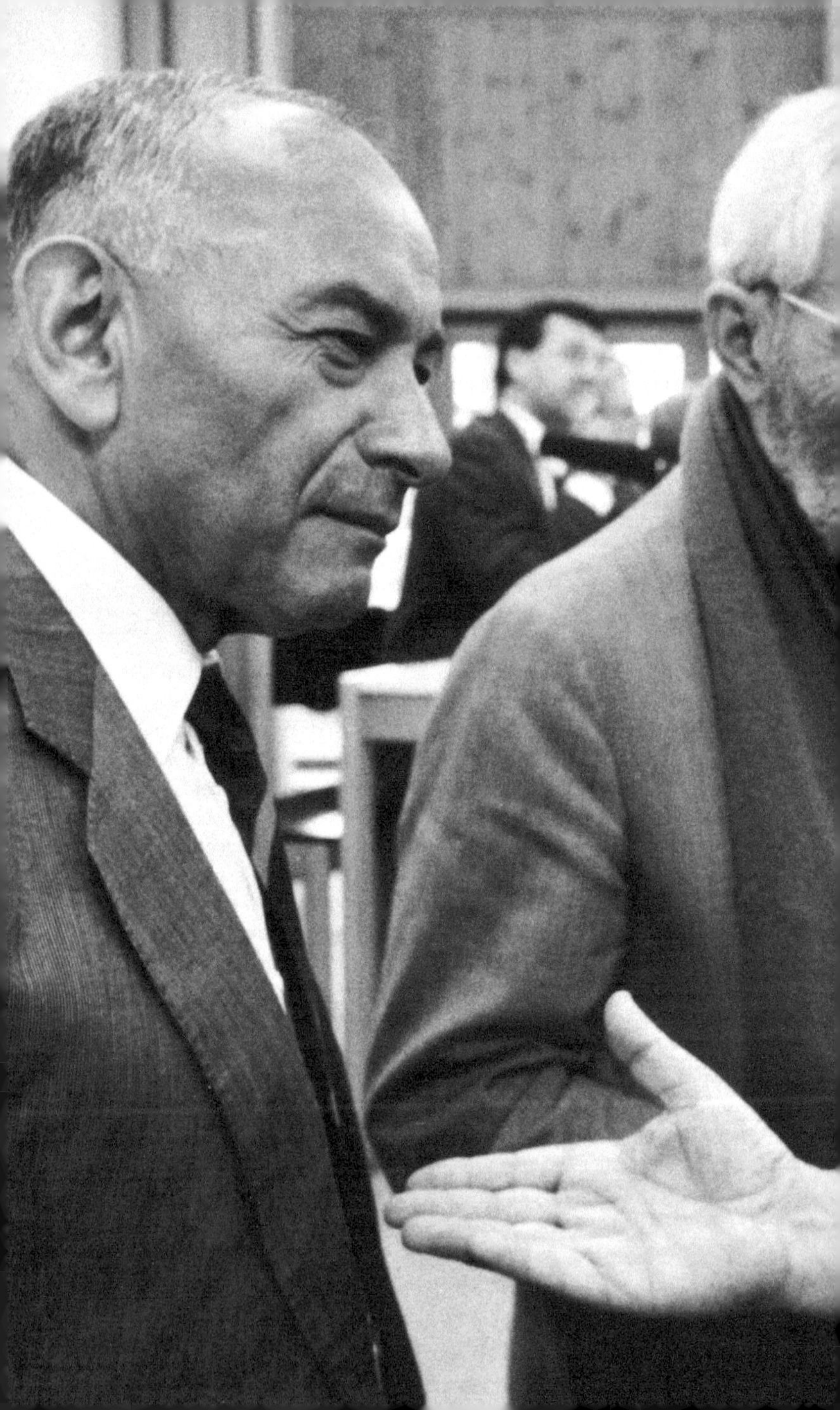

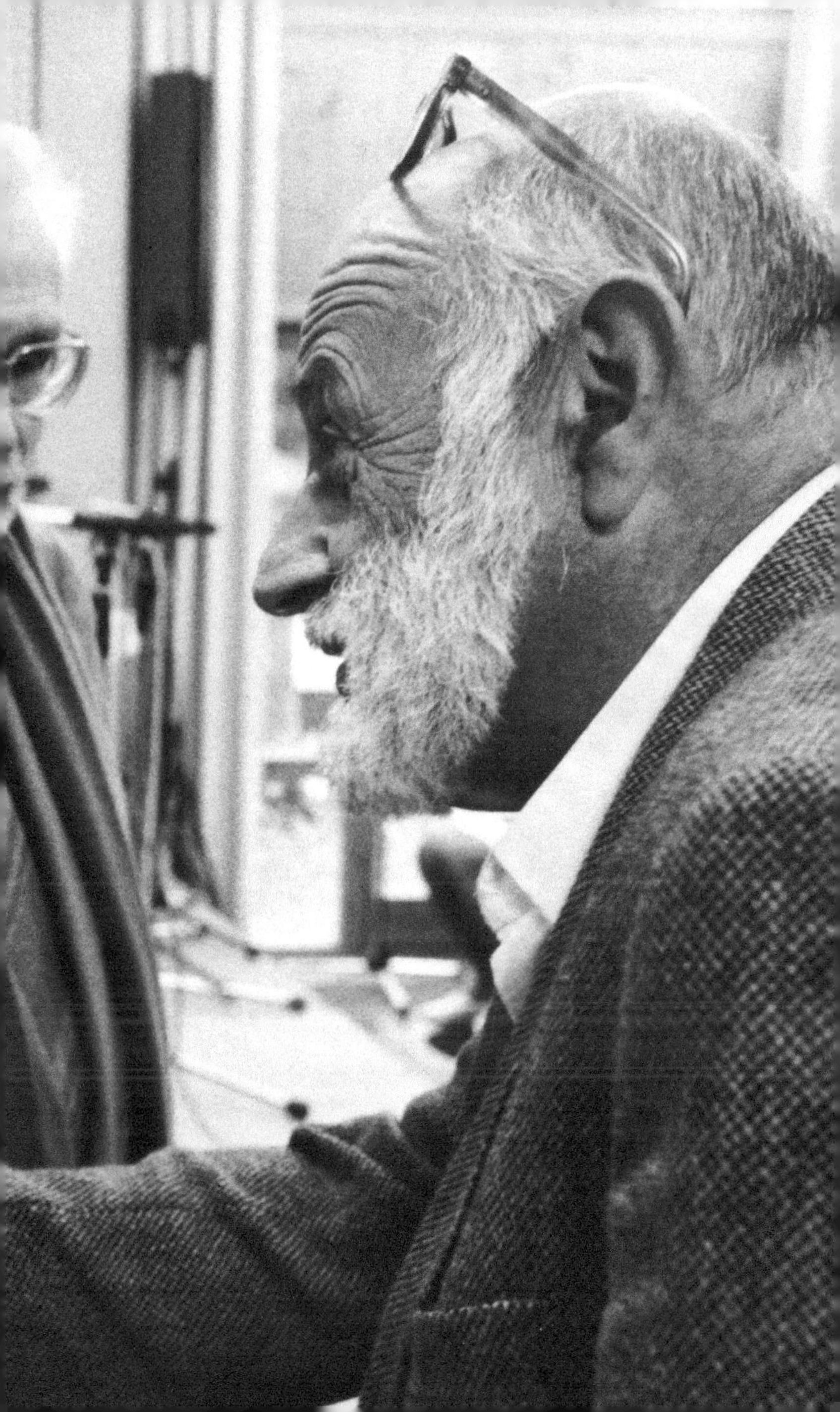

Seite 132/133: Eugen Gomringer, Max Bill
und Vilém Flusser 1988 in Ulm (v.l.n.r).

Vom Stand der Dinge

Nachwort zur Neuausgabe

Er hat es kommen sehen. Den Niedergang der traditionellen Medien. Das Ende der Politik. Und die Fälschung der Geschichte. »Vor unseren ungläubigen Augen«, prophezeite Vilém Flusser, »beginnen alternative Welten aus den Computern aufzutauchen.« Das schrieb er im Jahr 1990. Der PC stand damals noch keineswegs auf jedem Schreibtisch. Und ein allgemein verfügbares Internet war noch Utopie. Doch Flusser ließ sich nicht beirren: Mit den digitalen Codes, Punkten und Pixeln begänne der Eintritt in die Nachgeschichte. Der Epochenbruch zeige sich am deutlichsten darin, »dass wir keinen Unterschied mehr machen können zwischen Wahrheit und Schein oder zwischen Wissenschaft und Kunst«. Künftig sei es möglich, Geschichte abzurufen, »sie per Knopfdruck gegenwärtig zu machen und auch, sie mit einem weiteren Knopfdruck wieder verschwinden zu lassen«. Dies sei das Zeitalter des *Homo ludens*. Möglicherweise aber auch die Stunde der Spielverderber und Schwindler, der Tyrannen, die »mit souveräner Gleichgültigkeit alles Handeln und damit alles Leiden programmieren«.

Der Triumph der Autokraten: Flusser habe Figuren wie Wladimir Putin und Donald Trump bereits imaginiert, resümierte der Schweizer Schriftsteller Felix Philipp Ingold 2018 in der *Neuen Zürcher Zeitung:* »Er hat das Ende der Schriftkultur ebenso kommen sehen wie den Anfang von Trump.« Die Reihe all jener, die Flussers Einbildungskraft rühmten, ist lang. Zu Recht gelte Flusser als Visionär der digitalen Revolution, so sah es auch der Medienwissenschaftler Friedrich Kittler: Der Personalcomputer sei heute so selbstverständlich wie Auto und Waschmaschine. Junge Menschen würden schon mehr Zeit im Netz verbringen als ältere vorm Fernseher. Und bereits der Krieg um Kuweit im Jahr 1991 – Anlass eines brillanten Essays in diesem Buch – habe die Machtverhältnisse am Golf verschoben. Schon der nächste Ernstfall, so Flusser, werde ein virtueller sein – wenn es nicht gelänge, den Dialog im Netz zu befördern und die Herrschaft über Daten zu brechen. Beinahe alles, was der 1991 gestorbene Philosoph prophezeit habe, sei auch eingetroffen.

Beinahe alles? Doch da sind sich Kritiker keinesfalls sicher. Flussers Behauptung etwa, dass im Zuge des digitalen Fortschritts selbst eine seit über 5500 Jahren bewährte Erfindung wie das Rad verschwinden würde, könne man schwerlich erst nehmen, monierte etwa der britische Architekturkritiker Martin Pawley – gleiches gelte für das von dem Philosophen prognostizierte Ende der Stadt. Und der Schriftsteller und Kulturhistoriker Bruno Preisendörfer zeigt sich fassungslos angesichts Flussers Deutung des Telefons – als eines Apparats mit »archaischem und prälotechnischem Charakter«. Denn kein anderes von Menschen fabriziertes Ding habe in so kurzer Zeit und in so umfassender Weise unser Kommunikationsverhalten verändert wie das aus dem Telefon entwickelte Smartphone.

Wohl wahr, vom Smartphone hat Flusser – trotz seiner unbestreitbaren Fähigkeit, plausible Zukunftsszenarien zu entwerfen – nichts geahnt. Weder von Big Data noch von der digitalen Cloud ist darum in diesem Buch die Rede. Auch nicht vom »Internet der Dinge« oder von Smart Homes. Schon gar nicht von Wearables, deren Sensoren zugleich Hauttemperatur und Muskeltonus messen und die Daten umgehend an den Hausrechner weiterleiten.

Oder hat er doch mehr geahnt, als seine Kritiker wahrhaben wollten? »Das heile Haus mit Dach, Mauer, Fenster und Tür gibt es nur noch in Märchenbüchern«, heißt es in dem Essay mit dem Titel *Durchlöchert wie ein Emmentaler*. Und Flusser fährt fort: »Auf dem Dach die Antenne, durch die Mauer der Telefondraht, statt Fenster das Fernsehen, und statt Tür die Garage mit dem Auto. Das heile Haus wurde zur Ruine, durch deren Risse der Wind der Kommunikation bläst.«

Dieser Essay über die Zukunft des Hauses, der in die vorliegende Anthologie aufgenommen ist, versammelt *in nuce* die zentralen Motive und Charakteristika von Flussers Kurzprosa. Da ist zunächst – hier ist Flusser ganz der Phänomenologie verpflichtet – die nüchterne Aufzählung einzelner Bestandteile eines Hauses: Dach, Mauern, Fenster und Türen. Doch an der Materialität der

Architektur schien der Vordenker der Digitalisierung kaum interessiert. So folgt ein Wortspiel: »Das Dach ist das Entscheidende, denn ›unbehaust‹ und ›obdachlos‹ sind Synonyme.« Auch die für Flusser typische Etymologie der Begriffe fehlt nicht; seine Gedanken entwickeln sich aus den Worten, der Stoff folgt gelegentlich kühnen Analogien. An den Wurzeln unserer Sprache, davon war Flusser überzeugt, ließen sich versteckte Erkenntnisse gewinnen. Die Grenzen zwischen den Disziplinen, zwischen Linguistik und Mathematik, Futorologie und *Kommunikologie* – wie er seine eigene Theorie der Erkenntnis nannte – schwinden, technisch-naturwissenschaftliches und phänomenologisches Denken durchdringen sich. Seinen Befund erläutert Flusser mit einem mathematischen Begriff: Eine Behausung sei nicht mehr materiell – als Höhle oder etwa als Burg – zu denken, sondern »als Krümmung des Feldes der zwischenmenschlichen Kommunikation«. Das einst festgefügte Bauwerk werde zum »Knotenpunkt im Netz der Informationsströme, der mit anderen Knoten von Informationsströmen in Verbindung steht«. Im Netz nähmen die immateriellen Geflechte der Zukunft Gestalt an: als offene, attraktive Häuser, schöpferische Konstrukte, als »kreative Nester«, deren Bewohnern nichts anderes übrig bleibt, als sich »einander die Hände zu reichen«. Ein produktives, erfülltes und brüderliches Leben, zweckfrei und lustvoll, sei keine Utopie. Dieser scheinbar naiven Phantasie folgt die Dystopie, dem Dorado die Despotie. »Ein solcher Hausbau aus Verkabelungen ist voller Gefahren.« Das Elysium ist Teil des Orkus: »Die Kabel können nämlich statt zu Netzen, zu Bündeln geschaltet werden – faschistisch statt dialogisch. Wie Fernsehen, nicht wie Telefone. In so einem entsetzlichen Fall wären die Häuser Stützen für einen unvorstellbaren Totalitarismus.«

Das ist kühn gedacht, einprägsam durchaus. Da klingt Brechts Radiotheorie an, die Kritik an einem monologisierenden Medium, das ausschließlich sendet, aber nicht empfängt. Auch das kulturpessimistische Lebensgefühl der Fünfzigerjahre, das sich unter dem Schlagwort *Der unbehauste Mensch* manifestierte, ist Flusser nicht völlig fern. Ein bisschen Medienkritik, viel Existentialismus und ein wenig Psychologie: »Wir sind nicht Herr im eigenen Haus«, das schrieb bereits Freud.

Doch Flussers Thema war nicht der psychische Raum, der fragile Ort, an dem Triebe und Traumata regieren. Ihn interessierte, was geschieht, wenn technische Innovationen »unser Dasein verändern«. Er wusste: Kein Stein bleibt auf dem anderen. Wir alle würden »immaterieller denken lernen, sobald die Mauern eingerissen sind«, wie es in dem Essay »Schirm und Zelt« heißt. Kategorien der bürgerlichen Gesellschaft geraten ins Wanken. Die Trennung zwischen Privatsphäre und Öffentlichkeit etwa sei bereits in dem Moment anachronistisch, da »Politiker durch Kabel hindurch jederzeit uneingeladen in der Küche auftauchen«. Der virtuelle Raum und der Weltraum beginnen, »in den Lebensraum einzubrechen, ihn teilweise zu überdecken«. Und das hat für den Denker gravierende Folgen. »Dadurch werden wir vom Boden (aus dem Hier und Jetzt) gerissen und gezwungen, vogelfrei zu werden.«

Für Flusser war diese Bodenlosigkeit eine »Stimmung des absurden Lebens« und wurde ihm später zum Synonym für Freiheit – als existentielle Kategorie. Den Begriff *Bodenlosigkeit* hatte er bei Heidegger entliehen. Mit dem Sprachbild des deutschen Denkers, der eine Zeit lang mit den Nazis sympathisierte, ist Flusser, dessen Familie in Konzentrationslagern ermordet wurde, durchaus eigenwillig umgegangen: Er hat Heideggers Invektive wider die Wurzellosigkeit ins Positive gewendet. War für Heidegger die Bodenlosigkeit ein negativer Modus, gleichbedeutend mit der »Heimatlosigkeit des modernen Menschen«, dem »wachsenden Verfall« und ein Indiz »eines leeren Verständnisses der Verlorenheit«, hielt Flusser dagegen: Menschen, die jeden Boden unter den Füssen verloren hätten, existierten »intensiver, falls man unter ›Existenz‹ ein Leben in der Bodenlosigkeit verstehen will«. Sie könnten »als Laboratorium für andere« dienen. Jede Überhöhung der Heimatgebundenheit konterte Flusser mit »nomadischen Überlegungen«.

Nomadologie statt Ontologie war das Credo. Das Verhältnis zu Heidegger blieb ambivalent, der Einfluss groß – häufig *ex negativo*. So griff Flusser ebenfalls Heideggers Bild von der »Sprache als Wohnort des Seins« auf und bemerkte: Keine einzelne Sprache könne ihm Halt geben. Er sei »zwischen den Sprachen geboren, ein gebürtiger Polyglott«.

»Zeugenschaft aus der Bodenlosigkeit« hat der Kosmopolit, Migrant und Flüchtling seine »philosophische Autobiographie« genannt, die er 1973 und 1974 in Meran verfasste und die 1992 unter dem Titel *Bodenlos* erschien. »Wer aus der Heimat vertrieben wird (oder den Mut aufbringt, von dort zu fliehen), der leidet. Die geheimnisvollen Fäden, die ihn an Dinge und Menschen binden, werden zerschnitten. Aber mit der Zeit erkennt er, dass ihn diese Fäden nicht nur verbunden, sondern angebunden haben, dass er nun frei ist, neue zwischenmenschliche Fäden zu spinnen und für diese Verbindungen die Verantwortung zu übernehmen.« Sein Leben nach der Flucht begriff er als Summe »selbstgeknüpfter Vernetzungen«.

Ein Leben in der Bodenlosigkeit: Das war ein permanentes Changieren zwischen Ländern und vor allem den Sprachen – vier beherrschte Flusser perfekt. In fünf konnte er schreiben. Leben in der Bodenlosigkeit, das hieß nicht zuletzt: Überleben in der Diaspora. Als Neunzehnjähriger floh der gebürtige Prager, Spross einer jüdischen Intellektuellenfamilie, vor den deutschen Besatzern über England nach Brasilien, wo er 32 Jahre lang lebte und – wie er sagte – sich in dem Versuch engagierte, »eine brasilianische Kultur aus okzidentalen und levantinischen, aus afrikanischen, eingeborenen und fernöstlichen Kulturelementen zusammenzufügen«. Als sich in Brasilia die Militärs an die Macht putschen, schien dieses Vorhaben aussichtslos. In der besonders repressiven Phase der Diktatur, zu Beginn der Siebzigerjahre, kehrte Flusser mit seiner Frau Edith zurück nach Europa, lebte zunächst im Norden Italiens, dann in der Schweiz und beinahe 20 Jahre lang in Südfrankreich. Er blieb stets der ruhelos Reisende und knüpfte immer neue Netzwerke.

Erst im Dialog, das war seine These, in der Verbindung disparater Themen erschließe sich die Welt: »Nicht der Mensch und auch nicht die Gesellschaft, sondern das Beziehungsfeld, das Netz der intersubjektiven Relationen ist das Konkrete.« Und zugleich Movens jeder Gestaltung. »Ein Entwurf gleicht einem Netz, das der Verstand über die Umstände auswirft, um sie zu verändern«, heißt es in seinem Aufsatz *Stadtpläne* aus dem Jahr 1970. So hat er gedacht: anschaulich, konkret und weit ausholend zugleich. Solche Sätze lesen sich heute beinahe wie eine Theorie des Internets *avant la lettre.*

Er selbst sah sich als »Angehöriger einer aussterbenden Spezies«, als »Saurier mit einer Reiseschreibmaschine«. Obwohl er keinen Computer nutzte, schien es ihm möglich, das World Wide Web zu antizipieren. Als sich Flusser 1973 in Südfrankreich niedergelassen hat, habe er »seine französische Umgebung äußerst genau rezipiert«, schreibt der Kulturwissenschaftler Rainer Guldin, der 2017 gemeinsam mit dem brasilianischen Philologen Gustavo Bernardo eine monumentale Biographie des Philosophen vorgelegt hat. Die technischen Entwicklungen des Landes, das einst mit Citroën, Concorde und dem TGV im Industriedesign Avantgarde war, entgingen ihm nicht. Als der damals noch staatliche Telefonkonzern France Télécom 1982 das Minitel, den ersten Kleincomputer für Videotext, gratis vertrieb, galt das Gerät als geradezu bahnbrechend – in Rekordzeit stand es in fast jedem Haushalt.

Doch obwohl Flusser in den frühen Achtzigerjahren an französischen Kunsthochschulen und Universitäten in Aix-en-Provence, Arles, Marseille und Paris lehrte, ist der vermeintliche Computer-Philosoph in Frankreich zunächst kaum zur Kenntnis genommen worden. »Brillant, exzessiv und ekstatisch, wie er war, hatte er alle Eigenschaften, um die Salonintellektuellen mit Krawatte und Anzug zu verstören«, so charakterisierte ihn sein Freund Fred Forest, der Pionier der französischen Videokunst. Flussers Persönlichkeit, seine Paradoxa und seine Gebärden seien im Land von Descartes allzu deutlich vom akademischen Gehabe abgewichen.

In Deutschland aber eilte der beinahe Siebzigjährige ab Mitte der Achtzigerjahre von Podium zu Podium. Stets füllten sich die Säle, wenn der unorthodoxe Professor für Kommunikationsphilosophie seine »Ideen exakter Imagination« vor einem staunenden Publikum entwickelte. Gefeiert werde er, so hat es Flusser selbst notiert. Heute hier, morgen da. Am 29. September 1988 sendete der Star in den Diskursarenen seinem Förderer Felix Philipp Ingold einen eiligen Gruß und zählt stichwortartig seine Stationen und Vortagsthemen auf: »Lieber Freund, von verschiedenen, auch thematisch wirren Reisen zurückgekehrt (S. Paulo-Farbe, Weiler-Sprache, Ulm-Gestaltung, Osnabruek-Medien, Linz-Elektronik, Bonn-Video), und auf dem Absprung zu weiterem (Luzern-Juden, Frankfurt-Messe, Oldenburg-Wahrnehmung, Bochum-Kulturrevolution).«

Vor allem sein Auftritt in Ulm ließ die Designszene aufhorchen: Auf dem »Internationalen Forum für Gestaltung« (IFG) sprach er vor maßgeblichen Exponenten der Branche. Und dies auf besonderem Terrain: in Räumen der einstigen Ulmer Hochschule für Gestaltung (HfG), die 1953 angetreten war, das Bauhaus zu beerben und die sich wenig später dann grundlegend von sämtlichen künstlerischen Prämissen und Attitüden verabschiedete. Kybernetik statt Kunst hieß damals die Devise, Informationstheorie und Programmierbarkeit statt Intuition und Pinselei. Design grenzte sich ab von Handwerk und Gewerbe und verordnete sich eine eigene Methodologie.

Das IFG-Forum trat im September 1988 an – genau 20 Jahre nach der Schließung der Ulmer HfG –, zwar nicht den Lehrbetrieb, aber zumindest die Debatten fortzuführen. Inwieweit Flusser mit der wechselvollen Geschichte und den ewigen Querelen dieser kurzlebigen, für die Design-Diskussion so zentralen Hochschule vertraut war, darüber lässt sich nur spekulieren. Immerhin hatten seine Freunde Abraham Moles und Harry Pross eine Zeitlang in Ulm gelehrt, und er selbst hielt in den Siebzigerjahren am Pariser Institut de l'Environnement – einer Nachfolgeeinrichtung der HfG – Vorträge.

Nun saß Flusser mit dem Designtheoretiker Klaus Krippendorff – auch er hatte in Ulm gelehrt (und studiert) – und dem einstigen Museumsdirektor Dietrich Mahlow sowie dem Münchner Journalisten Florian Rötzer auf dem Podium. Gleich zu Beginn der dreitägigen Ulmer Veranstaltung mit dem Titel »Gestaltung und neue Wirklichkeit« hob Eugen Gomringer, der IFG-Initiator und Intendant der Tagung, den damals unter deutschen Designern kaum bekannten Referenten Vilém Flusser hervor. Er zitierte eine Passage aus seinem gerade erschienenen Buch *Die Schrift:* Der gegenwärtige Epochenbruch, heißt es da, sei ein »Sprung aus dem historischen, dem wertenden, politischen Bewusstsein in ein kybernetisches, sinngebendes, spielerisches Bewusstsein«. Das hörte man in Ulm gern – so manch anderes aus Flussers Mund dagegen nicht.

Sein Einwurf etwa, »dass die Natur vollkommen wertfrei, blöd und ohne jedes Interesse« sei, war für die mehrheitlich ökologisch gestimmten Gestalter und Referenten schiere Provokation. Flusser sei kaum zu zügeln gewesen, erinnert sich Gomringer 30 Jahre später noch deutlich: »In beinahe jeder Diskussion erhob er seine eindringliche Stimme. Immer kühn gedacht, häufig apodiktisch formuliert, nicht selten aber gelang ihm ein rhetorisches Glanzstück.«

Das IFG-Forum hat 1989 in einem heute weitgehend vergriffenen, selbstverlegten Buch die Referate und Diskussionen der gesamten Ulmer Tagung dokumentiert. Dort sind Flussers zahlreiche Interventionen im Wortlaut protokolliert: »Das Problem des Designs ist nicht mehr: Wie gestalte ich Dinge, sondern wie gestalte ich Kühe oder Getreide«, erwidert Flusser dem Schriftsteller Adolf Muschg etwa, der in seinem Vortrag den Raubbau der Ressourcen, die allgemeine Vermüllung und industrielle Tierversuche geißelte.

Es ging turbulent zu in der Aula der alten HfG. Der Philosoph Max Bense, der einst dort lehrte und der – wie die Designvermittlerin

Mia Seeger und der Möbelgestalter Herbert Hirche – zu den Ehrengästen der IFG-Tagung zählte, verließ die Veranstaltung noch während der feierlichen Eröffnung mit einem zornigen, im ganzen Raum unüberhörbaren »Auf Nichtmehrwiedersehen!« Otl Aicher, Gründer der legendären Hochschule, hatte sich dafür entschieden, der Tagung gleich fernzubleiben; er ließ seine Begründung bereits vorab in der örtlichen *Südwest Presse* verbreiten: »Die Künstler sollen unter sich bleiben«. Dass Gomringer nun mithilfe des ehemaligen HfG-Rektors Max Bill das IFG-Forum als Nachfolgeinstitution der Hochschule etablieren wollte, erzürnte Aicher besonders. In seinen Augen nämlich waren Bill und Gomringer gar keine Designer, allenfalls Künstler, und hatten deshalb – ganz zu Recht, wie er meinte – die Hochschule bereits wenige Jahre nach der Eröffnung verlassen müssen. Nun aber, grollte Aicher, würden »die Ausgeschiedenen und Nicht-Berücksichtigten von einst zurückkehren«. Und die alte Ulmer Querele begann von Neuem: Wieviel Kunst verträgt das Design? Aichers Antwort war entschieden: »Kunst ist ein schlechter Ratgeber für Design.« Dass überhaupt nur eins von sieben Podien der ersten IFG-Tagung dem stets schwierigen Verhältnis von Kunst und Design galt, focht Aicher nicht an.

Flusser siedelte Design – kaum anders als einst Bense und Moles – dort an, »wo Kunst und Technik zur gegenseitigen Deckung kommen, um einer neuen Kultur den Weg zu ebnen«. Die Sentenzen Flussers über intelligibles Industriedesign zumindest hätten Aicher eigentlich gefallen müssen: »Jene, die über die Kunst heute oder gestern gesprochen haben«, sagte Flusser in Ulm, »möchte ich darauf aufmerksam machen, dass in einem ganz gewöhnlichen Auto unverhältnismäßig mehr Intelligenz, Erfindungsgeist und schöpferische Kraft steckt als in einem Gemälde.«

Flussers Ulmer Einlassungen mit dem schlichten Titel »Gebrauchsgegenstände« waren mehr Performance als Vortrag. Das Manuskript hatte er demonstrativ zur Seite gelegt. Sogleich kam er zur Sache. »Wer Gebrauchsgegenstände entwirft, tut das, um die Gesellschaft von den Bedingungen der Natur zu befreien und auch von den Bedingungen der vorangegangenen Kultur.« Obwohl es stets vorgebe, Probleme zu lösen, schaffe Design immer wieder neue »Hindernisse zum Abräumen von Hindernissen«.

Spielerisch überschritt er die Grenzen der Disziplinen und breitete dabei ein breites Wissen aus, das über die Renaissance, die Thermodynamik, Informationstheorie und die Gentechnik bis hin zu konkreten Gegenständen wie Computern, Regenschirmen und Autos reichte. Der Dokumentarband der IFG-Tagung belegt, wie sehr Flusser unter dem Eindruck der Diskussionen sich von seinem Manuskript entfernte, sein Thema in freier Rede variierte, nebenbei die Referate der Tagung knapp reflektierte. Ganze Passagen hat Flusser mehr oder weniger spontan hinzufügt. »Die harten Gegenstände«, sagte er, beginnen »von den weichen Undingen verdrängt zu werden«. Software statt Hardware, das sei die Entwicklung. Die Tatsache, dass sich immer mehr Personen mit der Herstellung von Informationen beschäftigten, mit den »Undingen als mit der Herstellung von Dingen«, mache dies deutlich: »Unter den interessantesten Gestaltern sind die interessantesten jene, die sich mit diesen immateriellen Gegenständen befassen, also Gestalter, sagen wir, von Computerprogrammen und Kommunikationsnetzen.«

Es gelte, sich der technischen Logik der »komputierenden Maschine« zu bemächtigten, um sie nutzbar zu machen. Vor allem ihre dialogische, intersubjektive Seite sei nun in den Blick zu rücken. Damit war Flusser in der Designdebatte angekommen. Auch wenn er den seinerzeit unter Designern populär werdenden Begriff »Interface« ein wenig anders definierte, nämlich als »Grenze«, als »Zone des Austausches« und als »bedeutende Fläche«, zielte er auf das Gleiche: die Interaktion zwischen Körper und dem Gerät, die Schnittstelle – eine Bildschirmoberfläche etwa –, die das Bedienen eines Computers etwa überhaupt erst ermöglicht. »Das Interface«, so hatte der HfG-Vordenker Gui Bonsiepe es definiert, »mache aus Daten verständliche Informationen, aus bloßer Vorhandenheit – in Heidegger'scher Terminologie – Zuhandenheit.« Gerade unter dem Vorzeichen der Digitalisierung nehme deshalb die Bedeutung von Gestaltung zu: »In der virtuellen Realität ist alles Interface, alles ist Design – der Rest verdampft.«

Flussers Manuskript, das dem Ulmer Vortrag zugrunde lag, eröffnete eine Reihe von insgesamt zehn Texten des Philosophen, die der *Design Report* zwischen 1989 und 1992 veröffentlichte. Sie bilden den Grundstock des vorliegenden, nunmehr grundlegend überarbeiteten Bandes *Vom Stand der Dinge*, der – ergänzt um sechs weitere Texte – in der vierten Auflage vorliegt. Der Titel war gedacht als Referenz und verweist auf die Provenienz der meisten hier gesammelten Glossen, Einwürfe und Essays: *Mitteilungen über den Stand der Dinge* lautete bis 1992 der Untertitel des *Design Report*, der ab 1993 mit neuem Konzept als Kioskmagazin, genau genommen als »Special-Interest«-Zeitschrift, fortgeführt und im April 2019 schließlich eingestellt wurde.

Das Blatt begriff sich zu jener Zeit, da Flusser für es schrieb, weder als Fachzeitschrift noch Branchendienst, sondern als ein Forum unterschiedlicher Strömungen und Disziplinen. Nicht das Einnehmen von Standpunkten, sondern deren Verlassen sei Aufgabe eines jeden denkenden Menschen – in dieser Hinsicht fühlte sich die Zeitschrift ihrem Kolumnisten verpflichtet. Es sei geboten, »Standpunkte zu akkumulieren, eine Mehrzahl von Standpunkten zu haben«. Springen sei die Devise der Zeit, so formulierte es – Flusser aufgreifend – das Editorial der Ausgabe 18/19 vom Dezember 1991.

Nicht nur Produkte, auch Positionen wurden zur Debatte gestellt. Im *Design Report* wurde gestritten um die Zukunft des Städtischen etwa, um das Corporate Design der Lufthansa, sogar um die Gestaltung von Fahrkartenautomaten. Ja, gewiss war auch von Kunst die Rede – allen anders lautenden Selbstdefinitionen der Disziplin zum Trotz. Vor allem aber galt die Aufmerksamkeit den Wechselwirkungen von Design, Urbanistik und Architektur. Produktanalysen fanden sich neben Erörterungen zur *Brasilianischen Moderne*. So schlug der Stadtsoziologe Walter Prigge in einem Text den Bogen von Max Benses »Brasilianischer Intelligenz« zu Claude Lévi-Strauss' »Traurige Tropen« und Flussers einst in der Zeitschrift *Spuren* publizierten Aufsatz »Mittel und Meere«. Das war bereits bevor Flusser für den *Design Report* schrieb. Prigges Text mit dem Titel »Urbane Visionen in traurigen Tropen« fand später Eingang in die Festschrift *Überflusser*, die zum 70. Geburtstag des Philosophen erschien.

Prophet? Visionär? Medienguru? Philosophierender Provokateur, besessener Gedankenspieler? Nicht mehr als Etiketten! Noch heute verstelle, so Guldin und Bernardo in ihrer profunden Biographie, das in den späten Achtzigerjahren populäre Wort vom »Digitalen Denker« eine angemessene Beschäftigung mit seinem facettenreichen, unsystematischen und vielschichtigen Denken. Spät erst hat das Bild des Philosophen an Konturen gewonnen – was nicht zuletzt daran liegt, dass der größte Teil seines Werkes erst ab den Neunzigerjahren veröffentlicht wurde.

Auch der vorliegende Band ist posthum erschienen. Und zwar nicht, wie die beiden Biographen mutmaßen, als weitere »auf den Bollmann-Verlag zurückgehende Textkompilation«. Der damalige Flusser-Verleger Stefan Bollmann freilich hatte keinen Einfluss auf die Auswahl der Texte, sie wurde allein mithilfe von Edith Flusser getroffen. Das war im Winter 1992, in jenem Jahr, als die erste Phase des *Design Report* zu Ende ging. »Ein schönes, kleines Buch« hatte sich Vilém Flussers Witwe erhofft. Dass es einer der erfolgreichsten Flusser-Titel werden würde, war damals kaum abzusehen.

Drei Auflagen hat Gerhard Steidl, der seinerzeit auch den *Design Report* druckte, in seinem Verlag ab 1993 veröffentlicht. Im Herbst 1995 präsentierte die US-amerikanische Zeitschrift *Design Issues* (MIT Press) drei Texte aus dem Buch (*On the Word Design: An Etymological Essay, The Designer's Glance, On Forms and Formulas*) sowie das Nachwort in einer Übersetzung von John Cullars. Das internationale Interesse war geweckt. 1999 folgte die erste eigenständige englische Publikation mit dem Titel *The Shape of Things*, die beinahe sämtliche Texte des Steidl-Bandes, ergänzt um fünf Texte aus dem Band *Dinge und Undinge*, enthält und die in bislang fünf Auflagen erschienen ist. 2002 folgte die französische Ausgabe des Steidl-Bands unter dem Titel *Petite philosophie du design*, im selben Jahr erschien eine spanische Übersetzung (*Filosofía del diseño*), 2003 eine italienische Fassung (*Filosofia del design*), 2007 eine brasilianische Version *(O mundo codificado: por uma filosofia do design)*, 2009 schließlich eine japanische (デザインの小さな哲学), zuletzt eine portugiesische Edition (*Uma Filosofia do Design*) sowie eine russische Ausgabe (ВилемФлюссер, Оположениивещей. Малаяфилософиядизайна).

Dieser Erfolg belege, so der Flusser-Biograph Guldin, dass Flusser zuvörderst aus verlegerischen Erwägungen als »Apostel des Designs« stilisiert worden sei: Die erste Flusser-Rezeption in Deutschland habe sich »vor allem mit der modisch-aktuellen Seite seines Denkens« beschäftigt. In Zeitungen, Magazinen und auf Podien sei der Prophet des Designs und der telematischen Kultur gefeiert worden. Flusser sei, sagt Guldin in einem Gespräch mit der Zeitschrift *form*, gar »kein Designtheoretiker«. Spät erst habe er den Begriff *Design* in sein »Denkgebäude aufgenommen«. Alles ein Missverständnis? Oder legt hier Guldin einen allzu engen Maßstab an? Gewiss, Flusser entwickelte seine Phänomenologie der Dinge zunächst ohne genaue Kenntnis der Designszene. Bereits in Brasilien plante er – darauf weist Guldin selbst hin – eine Sammlung von Essays mit dem Titel »Dinge, die mich umgeben, bedingen mich«. Darin wollte er »im Gewöhnlichen und Gewohnten Unerwartetes entdecken« und eine »Philosophie der Apparate« entwickeln. Objekte und ihr Gebrauch, Materialität und Interface, Service und Information, neue und alte Medien: Das alles sind längst Gebiete des Designs, das sich keineswegs auf die Formgebung – einerlei ob modischer oder profaner – Produkte beschränkt.

Apparate, Entwürfe, Technobilder, Projekte und Projektionen sind Flussers Themen. Während die gängigen Abhandlungen zur Ideengeschichte der Gestaltung und zur Designtheorie sich stets der Fachautoritäten versichern und mit Namen, Zitaten und Fußnoten glänzen, setzt Flusser allein auf Zusammenhänge von Gedanken, auf die Phänomenologie der Dinge und die Evidenz der Etymologie. Kühne Assoziationen sind beinahe die Regel; die Grenzen aller Disziplinen werden souverän ignoriert, Widersprüche offen benannt. Den provisorischen Status seiner Überlegungen hat Flusser gelegentlich selbst unterstrichen. Am Schluss des Textes *Design als Theologie* heißt es: Dieser Aufsatz »will als Versuch einer Hypothese gelesen werden«, als Essay. In seiner Form ist der Essay offen, ebenso in den Beziehungen, die er zu den Gegenständen herstellt. Er ist ein »Übungsfeld der Neugierde, Arbeit am Ungewissen«. Die Grenzen zur Miszelle, zum Aphorismus und zum Szenario und Denkbild sind – wie dieses Buch zeigt – fließend.

Nur wenige Namen fallen. Angelus Silesius, Christus, Buddha, Goethe, Pythagoras, Wittgenstein etwa – nicht nur für ein Designbuch ist das eine erstaunliche Kombination. Von Formen ist bei Flusser viel, von Ergonomie, von Produktsemantik oder Design-Management dagegen nicht die Rede. Nicht vom Bauhaus, nicht von den Gestaltern wie Adolf Loos oder Louis Sullivan, die mit ihren eingängigen Formeln – »Form ever follows function« sowie »Ornament und Verbrechen« – stets bemüht werden. Namen populärer Designer wie Dieter Rams, Otl Aicher und Philippe Starck fehlen. Selbst Bill und Bense werden nicht herbeizitiert. Und doch lassen sich Flussers Bemerkungen über Brasilia mit Benses Buch *Brasilianische Intelligenz* durchaus in Beziehung setzten. »Man kann in Rio, São Paulo oder Brasilia an Gesprächen teilnehmen, in denen die Idee des

Designs als dialektischer Ersatz dessen erscheint, was wir in Europa Geschichtsbewusstsein nennen«, schreibt Bense. Solche Überlegungen waren Flusser, der mit dem Verschwinden der Schriftkultur das Ende der Geschichte kommen sah, nicht fremd. Doch Benses emphatische Feier der Planstadt Brasilia als »visuelles Erlebnis« und erstes »Gesamtdesign analog der Idee eines Gesamtkunstwerks« konnte er kaum teilen. Für ihn war Brasilia schlicht ein »maßloser Apparat«.

Lange habe die Philosophie auf das Ding an sich verzichtet, heißt es in dem Szenario *Unterseeboot,* dem ältesten Text dieser Sammlung aus den späten Fünfzigerjahren: »Auf allen Gebieten des Geistes ging der Sinn für die Wirklichkeit verloren, die Welt verwandelte sich in einen Traum, der sich langsam von einem Wunschtraum (am Anfang des neuzehnten Jahrhunderts) in einen Alpdruck (um die Mitte des zwanzigsten) wandelte und verzerrte.«

So wie einst Sigfried Giedion in seiner »anonymen Geschichte« der Mechanisierung die Alltagsdinge – Rohre, Karten, Tapeten oder Bruchstücke der Gips-Dekorationen eines Cafés und Schiebebahnen der Schlachthöfe – als Indizien für die fortschreitende Rationalisierung beziehungsweise Taylorisierung der Welt entzifferte, benennt Flusser Zelte, Membranen, Kabel, Hebel und Schaltpläne zu Zeugen der Digitalisierung, zu Vorboten der »telematischen Gesellschaft« – und nimmt Abschied vom Design der industriellen Epoche: »Das Leben in der undinglich werdenden Umwelt gewinnt eine neue Färbung: Nicht der Schuh, sondern der Genuss des Schuhs, das Laufen wird das Konkrete.«

Flussers Momentaufnahmen bewegen sich zwischen Science und Fiction, zwischen Provokation und Evokation, Proxemik und Distanz. Die Neuausgabe versammelt 25 Szenarien wider den Strich: Essays und Glossen über Gegenstände, Entwürfe exakter Phantasie und phänomenologische Betrachtungen unseres designten Alltags. Auch das Wort »Design«, dessen Ursprung Flusser im Lateinischen verortete, ist längst in unserem Alltag angekommen. Der modifizierte Untertitel der vorliegenden Anthologie trägt dieser Tatsache Rechnung. »Eine kleine Philosophie des *Designs*« heißt es nun.

Fabian Wurm

Literatur

Otl Aicher Kunst ist ein schlechter Ratgeber für Design. Eine kritische Stellungnahme zum Symposion des Internationalen Forums für Gestaltung In: *Südwest Presse*, 2.9.1988

Max Bense Brasilianische Intelligenz. Eine cartesianische Reflexion Limes, Wiesbaden 1965

Gui Bonsiepe Interface: Design neu begreifen Bollmann, Mannheim 1996

Günther Busch/J. Hellmut Freund (Hrsg.) Gedanke und Gewissen. Essays aus 100 Jahren S. Fischer, Frankfurt am Main 1986

Klaus Thomas Edelmann/Gerrit Terstiege Gestaltung denken: Grundlagentexte zu Design und Architektur Birkhäuser, Basel/Boston/Berlin 2010

Michael Erlhoff Theorie des Designs Wilhelm Fink, München 2013

Vilém Flusser Die Schrift Immatrix Publications, Göttingen 1987

Vilém Flusser Gesten. Phänomenologische Skizzen Bollmann, Düsseldorf und Bensheim 1991

Vilém Flusser Bodenlos. Eine philosophische Autobiographie Mit einem Nachwort von Milton Vargas und editorischen Notizen von Edith Flusser und Stefan Bollmann, Bollmann, Düsseldorf und Bensheim 1992

Vilém Flusser Geschichte des Teufels European Photography, Göttingen 1993

Vilém Flusser Dinge und Undinge. Phänomenologische Skizzen Mit einem Nachwort von Florian Rötzer, Edition Akzente, Carl Hanser, München 1993

Sigfried Giedion Die Herrschaft der Mechanisierung. Ein Beitrag zur anonymen Geschichte Mit einem Nachwort von Stanislaus von Moos, Europäische Verlagsanstalt, Frankfurt am Main 1982

Martina Griesser u.a. (Hrsg.) Gegen den Stand der Dinge: Objekte in Museen und Ausstellungen De Gruyter, Berlin/Boston 2016

Rainer Guldin/Gustavo Bernardo Vilém Flusser (1920–1991). Leben in der Bodenlosigkeit Transcript, Edition Kulturwissenschaft, Bielefeld 2017

Michael Hanke Vilém Flusser's Philosophy of Design: Sketching the Outlines and Mapping the Sources Flusser Studies 21, http://www.flusserstudies.net

Martin Heidegger Sein und Zeit Niemeyer, Tübingen 1967 (Erstausgabe 1927)

IFG Ulm Internationales Forum für Gestaltung (Hrsg.) Gestaltung und neue Wirklichkeit. Tagung 1988 Selbstverlag, Ulm 1989

Felix Philipp Ingold Denker der Bodenlosigkeit In: *Neue Zürcher Zeitung,* 27.10.2018

Friedrich Kittler Der Prophet In: *Welt am Sonntag,* 8.3.2009

Abraham Moles Die Krise des Funktionalismus In: *Form. Zeitschrift für Gestaltung.* Nr. 41, März 1968

Anja Neidhardt 3 Fragen an: Rainer Guldin, Chefredakteur Flusser Studies In: *Form. Design Magazine,* Nr. 267, Sept/Okt. 2016

Martin Pawley Fahrende Architektur. Von Autos, in denen man lebt, und Rädern, die aussterben In: *Telepolis,* 28.7.2002

Bruno Preisendörfer Die Verwandlung der Dinge. Eine Zeitreise von 1950 bis morgen Galiani, Verlag Kiepenheuer & Witsch, Köln 2018

Walter Prigge Urbane Visionen in traurigen Tropen In: *Design Report,* Nr. 6, Juli 1988

Volker Rapsch Überflusser. Die Festschrift zum 70. von Vilém Flusser Bollmann, Düsseldorf 1990

Andreas Ströhl Vilém Flusser (1920–1991). Phänomenologe der Kommunikation Böhlau, Wien 2013

Siegfried Zielinski/Peter Weibel mit Daniel Irrgang, Monai de Paula Antunes und Norval Baitello jr. (Hrsg.) Flusseriana. An Intellectual Toolbox ZKM/Univocal, University of Minnesota Press, Minneapolis, Karlsruhe 2015

Biographisches

Die Datierungen von Flussers Werken beziehen sich, soweit nicht anders angegeben, auf das Jahr der Veröffentlichung.

1920 12. Mai: Vilém Flusser wird in Prag als Sohn jüdischer Intellektueller geboren. Sein Vater Gustav Flusser, Professor für Mathematik, lehrt sowohl an der tschechischen als auch an der deutschen Universität, zudem ist er einige Jahre sozialdemokratischer Abgeordneter im Parlament. Seine Mutter, Melitta Basch, entstammt einer alten Prager Familie sephardischer Herkunft.

1930 Besuch des deutschen Realgymnasiums in Prag-Smíchov, Zborovská 45. Ab Mitte der Dreißigerjahre entstehen zahlreiche Gedichte sowie ein Theaterstück mit dem Titel *Saul.*

1937 Lernt Edith Barth, seine spätere Frau, kennen. Gemeinsam besuchen sie in Prag Martin Bubers Vortrag *Vorurteil gegen Gott,* für beide ein einschneidendes Erlebnis.

1938 Beginn des Studiums der Philosophie an der Karls-Universität in Prag.

1939 15. März: Deutsche Wehrmachtsverbände und SS-Verfügungstruppen besetzen Prag. Kurz nach dem Einmarsch versucht er mit Edith Barth zu deren Eltern nach London zu fliehen, er wird kurz hinter der niederländischen Grenze bei Arnheim aufgrund fehlender englischer Einreisepapiere festgehalten, während Edith weiterreisen kann. Erst wenige Tage später, kurz vor der drohenden Abschiebung nach Deutschland, kann er nach England folgen. 18. März: Vater Gustav Flusser stirbt nach Folter und Hunger im KZ Buchenwald.

1940 Hört Vorlesungen an der London School of Economics. August: An Bord des Ozeandampfers Highland Patriot verlässt er mit Edith Barth den brennenden Hafen von Southampton. Nach wochenlanger, kriegsbedingter Irrfahrt erreichen sie Rio de Janeiro.

1941 15. Januar: Heirat mit Edith Barth in Rio de Janeiro. Er findet Arbeit bei Unex, der tschechischen Import/Export-Firma seines Schwiegervaters in São Paulo. 19. November: Geburt der Tochter Dinah.

1942 15. Januar: Flussers Großeltern, seine Mutter und seine Schwester werden nach Theresienstadt und später nach Auschwitz verschleppt und umgebracht.

1943 28. Juni: Geburt des Sohnes Miguel Gustavo.

1951 3. Oktober 1951: Geburt des Sohnes Victor. Flusser beschäftigt sich intensiv mit den Schriften Martin Heideggers, insbesondere *Sein und Zeit.*

1952 Macht sich selbstständig und gründet die Transformatorenfabrik Indústrias Radioeletrônicas do Brasil (IRB), die später in Stabivolt umbenannt wird, in São Paulo. Gleichzeitig setzt er seine philosophischen Studien fort: *»Das bedeutete, dass man am Tag Geschäfte trieb und in der Nacht philosophierte.«*

1957 Beendet sein erstes Buchmanuskript: *Das zwanzigste Jahrhundert.* Versuche, das Manuskript bei deutschsprachengen Verlagen zu veröffentlichen, scheitern. Erste Veröffentlichungen in Brasilien zu sprachphilosophischen Themen im *Suplemento Literário do Estado de São Paulo.*

1958 Niederschrift der *Geschichte des Teufels* (veröffentlicht 1993 bei European Photography). In einem Brief an seinen Cousin David Flusser schreibt er: *»Scribere necesse est, vivere non est.«*

1960 Erste Kontakte zum Brasilianischen Philosophischen Institut (IBF) in São Paulo. Beginn einer regen Vortragstätigkeit.

1961 Flussers Text *Praga, a cidade de Kafka* erscheint in der Literaturbeilage der großen Paulistaner Tageszeitung *O Estado de São Paulo.* Fortan ständiger Mitarbeiter des *Suplemento Líterario Décio de Almeida Prado.* Zudem erste Beiträge in der *Revista Brasileira do Filosofia,* der Zeitschrift des Brasilianischen Philosophischen Instituts. Fortan regelmäßige Veröffentlichungen in zahlreichen brasilianischen Zeitschriften, so der *Cultura Brasileira.*

1962 Wird Mitglied des Brasilianischen Philosophischen Instituts, São Paulo.

1963 Flussers erstes Buch erscheint: *Lingua e Realidade,* Herder, São Paulo. Er wird zum Dozenten für Kommunikationstheorie an die Universität São Paulo (USP) berufen.

1964 Ernennung zum ordentlichen Professor für Kommunikationsphilosophie an der Hochschule für Kommunikation und Geisteswissenschaft (FAAP) in São Paulo. Berufung in den Beirat der *Fundacão Bienal des Artes.*

1964 Mitherausgeber der *Revista Brasile a de Filosofia.* 31. März: Das Militär putscht in Brasilien, unterstützt durch verdeckte Operationen des US-Geheimdienstes CIA. Beginn der über 21 Jahre währenden Militärdiktatur.

1965 Vorlesungen über Sprachphilosophie an der humanistischen Fakultät des Technologischen Instituts für Flugwesen, São José dos Campos im Bundesstaat São Paulo. *A História do Diabo* erscheint im Verlag Martins, São Paulo.

1966 Wird Emissär des brasilianischen Außenministeriums für kulturelle Zusammenarbeit mit Nordamerika und Europa. Beendet seine Arbeiten an dem Manuskript des Buches *Vom Zweifel,* das 1999 unter dem Titel *Da dúvida* in Rio de Janeiro veröffentlicht wird; die deutsche Ausgabe erscheint 2006. Die Manuskripte seiner Vorlesungen werden unter dem Titel *Filosofia da Linguagem* veröffentlicht, in *ITA Humanidades: revista do Departamento de humanidades,* Campos de Jordão. In der Literaturzeitschrift *Cavalo Azul* erscheinen die ersten beiden Kapitel des insgesamt 336 Manuskriptseiten umfassenden, bislang unveröffentlichten Buchs *Até a terceira e quarta geração.* Übersetzt Texte von Haroldo de Campos, dem Begründer der brasilianischen *poesia concreta,* für die Ausgabe 25 der Reihe *Rot,* die von Max Bense und Elisabeth Walther herausgegeben wird. Im Dezember: Gastvorlesungen an nordamerikanischen Universitäten, darunter Harvard, Yale, MIT.

1967 Teilnahme an internationalen Kongressen und Gastvorlesungen an europäischen Hochschulen. Knüpft Kontakte zu Verlegern und Redaktionen. Schreibt fortan regelmäßig für die *Frankfurter Allgemeine Zeitung.* Veröffentlichungen in europäischen und nordamerikanischen Zeitschriften: *Artitudes,* Paris; *Communication et Langages,* Paris; *Main Currents,* New York; *Merkur,* München. Die Essaysammlung *Da Religiosidade* erscheint, Comissão Estadual de Cultura, São Paulo.

1968 Die politische Situation innerhalb Brasiliens spitzt sich zu. Für Flusser wird es zunehmend schwieriger zu unterrichten und zu publizieren. Von den Militärs wie auch von den Linken wird er kritisch beobachtet, unter anderem, weil er im Auftrag von Ministerien und staatlichen Kommissionen unterwegs ist. 21. August: Vergeblicher Versuch, in die Tschechoslowakei einzureisen, die gerade von Truppen des Warschauer Paktes besetzt wird.

1972 Die *Folha de São Paulo,* eine der größten Tageszeitungen des Landes, richtet ihm eine Kolumne ein: *Posto Zero* - Beobachtungspunkt Null, eine tägliche Spitzmarke des Anstoßes. Während der Diktatur muss Flusser seine bissigen Bemerkungen als vermeintlich harmlose Beobachtungen tarnen, trotzdem werden einige Glossen nicht gedruckt. Im Konflikt mit den Militärs erfolgt die Übersiedlung nach Europa. August: Ankunft in Genf. 23. Oktober: Edith und Vilém Flusser lassen sich zunächst in Meran nieder.

1973 Umzug nach Robion, Südfrankreich. Arbeit an einer philosophischen Autobiographie: *Zeugenschaft aus der Bodenlosigkeit.* Das Fragment wird 1992 unter dem Titel *Bodenlos* bei Bollmann veröffentlicht. Vorträge am Pariser Institut de l'Environnement. Auf Vermittlung von Abraham Moles erscheint Flussers erste Buchveröffentlichung in Frankreich: *La Force du Quotidien,* herausgegeben vom Institut de l'Environnement bei Éditions Mame, Paris. Die Essays des Bandes bilden den Grundstock der posthum veröffentlichten Essay-Sammlung *Dinge und Undinge,* Hanser 1993.

1974 *Le Monde codifié* erscheint, Institut de l'Environnement, Paris. Arbeit an einer Phänomenologie der menschlichen Gesten, die posthum bei Bollmann erscheint. Vortragsreise in die Vereinigten Staaten, Teilnahme an einem internationalen Kongress über die Zukunft des Fernsehens am Museum of Modern Art in New York.

1975 Beginn des Vorlesungszyklus *Les Phénomènes de la Communication* am Théâtre du Centre in Aix-en-Provence.

1976 Vorlesungen unter dem Titel *Comment notre crise existentielle se manifeste a Relais* in Aix-en-Provence. *Cours de la théorie de la Communication* an der École d'Art et d'Architecture in Marseille-Luminy.

1977 Flusser fasst seine Kommunikationstheorie in einem Buchmanuskript zusammen: *Umbruch der menschlichen Beziehungen.* Er schreibt das Buch zunächst englisch und deutsch, später auch französisch. Die deutsche Fassung wird 1996 posthum unter dem Titel *Kommunikologie* veröffentlicht. *L'art sociologique et la vidéo à travers la démarche de Fred Forest,* Collection 10/18, Paris.

1979 *Natural:mente, Duas Cidades,* São Paulo. Die deutsche Fassung mit dem Titel *Vogelflüge* erscheint 2008 bei Hanser. Vorlesungszyklus zum Thema *La societé post-industrielle* am Office Regional de la Culture in Marseille.

1981 *Pós-História, Duas Cidades,* São Paulo. Besuch des Fotosymposions im Schloss Mikken bei Düsseldorf. Verstärkte Hinwendung zu Themen der Fotografie und neuen Medien.

1983 Die Zeitschrift *Vipecker Raiphan, Revue für Medien-Transformation* publiziert den Essay »Die lauernde schwarze Kamerakiste« und stellt Flusser als »Theoretiker der Telematik« vor. Die erste deutschsprachige Buchveröffentlichung: *Für eine Philosophie der Fotografie,* European Photography, Göttingen (mittlerweile in acht Sprachen übersetzt).

1985 *Ins Universum der technischen Bilder,* European Photography, Göttingen.

1985 Beginn der regen Publikations- und Vortragstätigkeit in Westeuropa, vor allem in der Bundesrepublik Deutschland. Aufsätze, Essays und Glossen für Zeitschriften und Zeitungen: *Artforum,* New York; *Leonardo,* Berkeley; *Spuren,* Hamburg; *kultuRRevolution,* Essen, *Design Report,* Frankfurt am Main; *Kunstforum International,* Ruppichteroth; *Arch+,* Aachen.

1987 *Vampyroteuthis infernalis* (zusammen mit Louis Bec), Immatrix Publications/European Photography, Göttingen. *Die Schrift. Hat Schreiben Zukunft?* erscheint gleichzeitig als Buch und als Diskette bei Immatrix Publication/European Photography.

1988 *Krise der Linearität,* Benteli, Bern.

1989 *Angenommen. Eine Szenenfolge,* Immatrix Publications/ European Photography, Göttingen

1990 *Nachgeschichten* Bollmann, Düsseldorf und Bensheim.

1991 *Gesten. Versuch einer Phänomenologie,* Bollmann, Düsseldorf und Bensheim. Gastprofessur an der Ruhr-Universität Bochum auf Einladung von Friedrich Kittler. Am 30. Mai hält Flusser seine Antrittsvorlesung vor dem Stiftungsrat. Drei Blockseminare folgen, in denen er seine in Brasilien und Frankreich entwickelte Kommunikationstheorie einer Standortbestimmung unterzieht: »Was ist menschliche Kommunikation?«; »Kommunikationsstrukturen«; »Kommunikologie als Kulturkritik«. Eine Abschrift der Vorlesungen erscheint 2009 unter dem Titel *Kommunikologie weiter denken: Die Bochumer Vorlesungen* als Fischer Taschenbuch. 25. November: Erster öffentlicher Vortrag in seiner Geburtsstadt Prag, *Paradigmenwechsel* ist das Thema. 27. November: Vilém Flusser stirbt auf der Rückreise in der Nähe der tschechischen Stadt Bor bei einem Verkehrsunfall.

Nachweise

Vom Wort Design In: *Design Report. Mitteilungen über den Stand der Dinge,* Nr. 15, Dezember 1990. Englische Fassung *On the Term »Design«* in: *Artforum international,* New York, Vol. 30, Nr. 7, März 1992.

Der Blick des Designers In: *Design Report,* Nr. 18/19, Dezember 1991.

Von Formen und Formeln In: *Design Report,* Nr. 20/21, Juni 1992.

Typen und Charaktere Manuskript zum Vortrag auf der Jahrestagung der Typographischen Gesellschaft München (TGM) am 8. Oktober 1991. Der Text wurde 1993 in der Schriftenreihe *Aus Rede und Diskussion* (TGM-Bibliothek) von der Typographischen Gesellschaft herausgegeben und Ende 1992 an die Mitglieder als Jahresgabe versandt. Wiederveröffentlicht in: *Die Revolution der Bilder. Der Flusser-Reader zu Kommunikation, Medien und Design,* Bollmann Verlag, Mannheim 1995.

Design als Theologie In: *Design Report,* Nr. 14, Oktober 1990.

Ethik im Industriedesign? Übersetzung der Abschrift eines Vortrags, den Flusser in englischer Sprache auf dem Kongress der »Akademie Industriele Vormgeving« in Eindhoven am 21. April 1991 frei gehalten hat. Erstpublikation unter dem Titel: *Ethics in Industrial Design? Ecological and anthropological feedback between tools and their users* in der Zeitschrift: *Industrieel ontwerpen,* Nr. 3, 1991. Dokumentation des gesamten Kongresses: *Report Symposium 20.4.1991,* hrsg. von Fré Ilgen, Stichting Akademie Industriele Vormgeving, Eindhoven 1991. Übersetzung aus dem Englischen von Anne Hamilton.

Der Krieg und der Stand der Dinge In: *Design Report,* Nr. 16, März 1991.

Design: Hindernis zum Abräumen von Hindernissen Vortrag auf dem »Internationalen Forum für Gestaltung« (IFG) in Ulm am 2. September 1988. Erstpublikation des Typoskripts mit dem Titel *Gebrauchsgegenstände,* in: *Basler Zeitung,* 8. September 1988; wieder in: *Design Report,* Nr. 9, Januar 1989. Mitschrift des frei gehaltenen Vortrages in: *Gestaltung und neue Wirklichkeit. IFG Ulm Internationales Forum für Gestaltung, Tagung 1988,* Selbstverlag, Ulm, 1989.

Schirm und Zelt Referat zum »Steirischen Herbst '90«, gehalten am 10. Oktober 1990 in Graz. Erstpublikation in: *Auf, und, davon. Eine Nomadologie der Neunziger. Herbstschrift Eins,* dritte Ausgabe, herausgegeben von Horst Gerhard Haberl und Werner Krause, Droschl, Graz Oktober 1990. Unter dem Titel *Zelte;* wieder in: *Arch+. Zeitschrift für Architektur und Städtebau,* Nr. 111, März 1992.

Menschen, Bücher und andere Rätsel Typoskript aus den frühen Siebzigerjahren. Erstveröffentlichung unter dem Titel *Les Livres* in: *La Force du Quotidien* (Die Macht des Alltäglichen), Maison Mame, Paris 1973. Collection médium. Portugiesische Version mit dem Titel *Livros* in: *Ficções Filosóficas* (Philosophische Fiktionen), São Paulo: Editora da Universidade de São Paulo, 1998. Der Text für das französische Buch wurde von Flusser ursprünglich in Englisch geschriebenen und von Jean Mesrie und Barbara Niceal übersetzt. Der hier vorliegende Text folgt der von Edith Flusser angefertigten Übertragung ins Deutsche.

Der Hebel schlägt zurück In: *Design Report,* Nr. 12, Oktober 1989.

Warum eigentlich klappern die Schreibmaschinen? Erstveröffentlichung in: *Basler Zeitung,* 20. Oktober 1988; wieder in: *Design Report,* Nr. 11, August 1989.

Das Unterseeboot Erstpublikation. Typoskript aus dem Nachlass, vermutlich Ende der Fünfzigerjahre verfasst. Offenkundig plante Flusser im Jahr 1958 ein Buch, das unter anderem die Essays *Im Wilden Westen, Der Vater* und eben *Das Unterseeboot* enthalten sollte. Vgl. Rainer Guldin/Gustavo Bernardo: *Vilém Flusser (1920–1991). Ein Leben in der Bodenlosigkeit,* Transcript, Bielefeld 2017, S. 148.

Das Auto Erstveröffentlichung unter dem Titel *Les Automobiles* in *La Force du Quotidien* (Die Macht des Alltäglichen), Collection médium, Maison Mame, Paris 1973. Zunächst in Englisch geschrieben, dann von Jean Mesrie und Barbara Niceal ins Französische übertragen. Der vorliegende Text folgt der von Flusser angefertigten Übersetzung ins Deutsche.

Die Fabrik Erstpublikation. Manuskripttitel: *Homo Faber.* Vortrag zum Unternehmergespräch der Aktiengesellschaft für Industrieplanung (Agiplan) zum Thema *Fabrik der Zukunft: Rückkehr der Architektur,* Mülheim/Ruhr, 5. März 1991.

Zur Zukunft der Werkstatt Typoskript zum Vortrag auf dem 1. Werkbund-Symposium in der Villa Stuck, München, 8. bis 10. März 1991. Erstveröffentlichung in: *Werk und Zeit,* Hrsg.: Deutscher Werkbund DWB, 39. Jahrgang, 2. Quartal 1991. Transkript des gehaltenen Vortrags in: *Absolute Vilém Flusser* (Silvia Wagnermaier und Nils Röller Hrsg.), Orange-Press, Freiburg 2003.

Nackte Wände Erstveröffentlichung unter dem Titel *Walls,* in: *Main Currents,* Vol. 30, No. 4, 1974. Deutsche Fassung in: *Arch+,* Nr. 111, März 1992. Aus dem Englischen von Andreas Bittis.

Durchlöchert wie ein Emmentaler Manuskripttitel: *Häuser bauen.* Erstveröffentlichung unter dem Titel *Einiges über dach- und mauerlose Häuser mit verschiedenen Kabelanschlüssen* in: *Basler Zeitung,* Nr. 69, 22.3.1989; wieder in: *Design Report,* Nr. 17, Juni 1991.

Wittgensteins Architektur In: *Mischa Kuball, Welt-Fall,* Juni Verlag, Mönchengladbach, 1991.

Stadtpläne Erstveröffentlichung unter dem Titel: *Projetos Superpostos,* in: *O Estado de São Paulo, Suplemento Literário,* 4.4.1970 *Folha de São Paulo,* 1970. Aus dem Portugiesischen von Nicole Reinhardt.

Brasilia Erstveröffentlichung in: *Brasilien oder die Suche nach dem neuen Menschen,* Bollmann, Mannheim 1994. Dieser Essay ersetzt den gleichnamigen Text der vorangegangenen Auflagen, der einer Veröffentlichung der *Frankfurter Allgemeine Zeitung* (FAZ) folgte. In ihrer Ausgabe vom 3. Januar 1970 hatte die *FAZ* die beiden Flusser-Manuskipte *Brasilia oder Die Stadt welcher Zukunft?* und *Brasilia oder Durchkreuzte Entwürfe* unter dem Titel *Brasilia spiegelt den Widerspruch* zusammengefasst.

Städte entwerfen Gekürzte Fassung des gleichnamigen Kapitels in: Vilém Flusser: *Vom Subjekt zum Projekt, Schriften Bd. 3,* Bollmann Verlag, Mannheim 1994. Wieder in: *Die Revolution der Bilder. Der Flusser-Reader zu Kommunikation, Medien und Design,* Bollmann Verlag, Mannheim 1995. Englische Übersetzung in: Vilém Flusser: *Writings,* Andreas Ströhl, Editor, Minneapolis/ London 2004.

Schamanen und Maskentänzer in: *Design Report,* Nr. 10, Mai 1989.

Form und Material Erstveröffentlichung unter dem Titel *Schein des Materials,* in: Wolfgang Drechsler/Peter Weibel: *Bildlicht.* Europa Verlag, Wien 1991. Die hier vorliegende gekürzte Fassung folgt dem Abdruck in: *Arch+,* Aachen/Berlin, Nr. 111, März 1992.

Vom Fluss der Dinge Geschrieben im September 1982 für ein von der Zeitschrift *European Photography* konzipiertes Themenheft *New Abstractions,* das nicht erschien. Erstveröffentlichung unter dem Titel *Auf dem Weg zum Unding* in: *Die Revolution der Bilder, Der Flusser Reader zu Kommunikation, Medien und Design,* Bollmann Verlag, Mannheim 1995. Wieder in: *Medienkultur,* Fischer Taschenbuch Verlag, Frankfurt am Main 1997; und in: *Standpunkte, Texte zur Fotografie.* Hrsg. von Andreas Müller-Pohle, Edition Flusser 8, European Photography, Göttingen 1998.

Der Herausgeber dankt für Hinweise und Hilfe:
Monaí de Paula Antunes und Anita Jóri, Vilém-Flusser-Archiv an der Universität der Künste Berlin, sowie Christiane Wachsmann, Archiv der Hochschule für Gestaltung Ulm (HfG), und Julia Hanisch, Stiftung Hochschule für Gestaltung HfG Ulm/ IFG Ulm Internationales Forum für Gestaltung GmbH, Ulm.

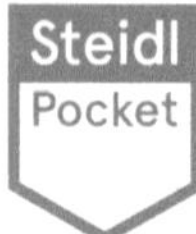

1. Auflage dieser Ausgabe 2022

Buch- und Umschlaggestaltung: Michael Lenz (Konzept), Frankfurt am Main, und Steidl Design
Umschlaggestaltung unter Verwendung einer Fotografie von Ellen Bailly, Stuttgart/Palermo
Gesamtherstellung und Druck: Steidl, Göttingen

Steidl
Düstere Str. 4, 37073 Göttingen
Tel. +49551496060
mail@steidl.de
steidl.de

Printed in Germany by Steidl
ISBN 978-3-96999-069-8